にっぽんのペーソス

平成↓令和を歌う特殊歌謡バンドの世界

ペーソス
島本慶　米内山尚人　末井昭　近藤哲平　スマイリー井原

KANZEN

なにひとつ　国のためにならない。
なにひとつ　日本の文化史に残らない。
ほとほと　ぁきれる男達である。
私は今日も　びた一文　ペーソスを尊敬していない。
それでも生きているのが〝芸〟なのだろう。
（多分　違う）

高田文夫

15 TUE

ばん長い日

出演時間は20分

新元号施行を数カ月後に控えた2019年1月。平成歌謡バンド、ペーソスは、銀杏BOYZ公演「世界がひとつになりませんように」のオープニングアクトとして日本武道館のステージに。多様性ある世界を体現した。

写真◎金子山

2019 01
ペーソスの

REHEARSAL
リハーサル

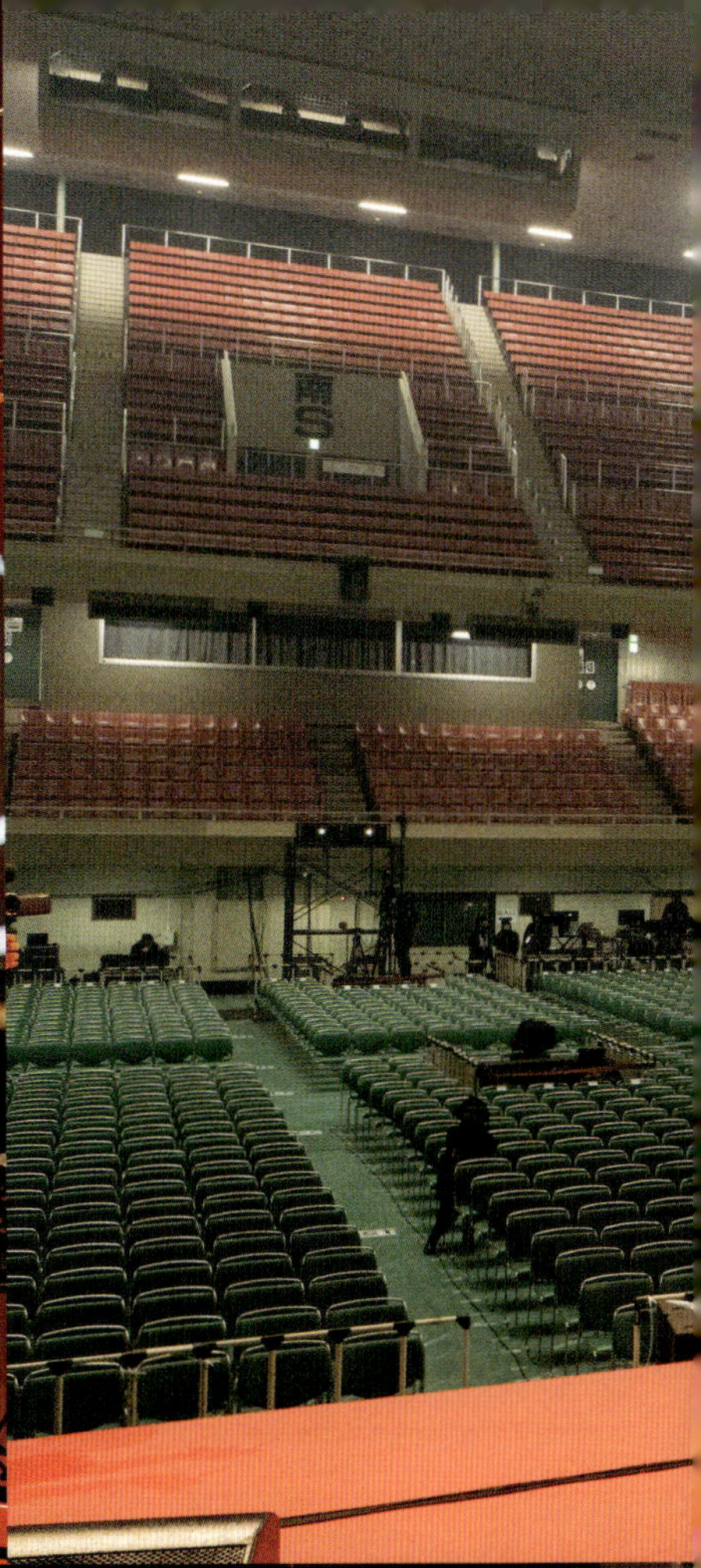

リハーサルを終えた舞台裏でリクエストされポーズを取るも、
高いのか低いのか微妙なテンションのメンバー。

「ご覧の通りのパンクバンドです」

——専属司会

REAL STAGE
本番

当日のタイムスケジュールは、14:30会場入り、16:00
～リハーサル、17: 40～本番。日本武道館正面にて。

会議室2
銀杏BOYZ
「世界がひとつになりませんように」
ペーソス
ROOM
2019年1月15日(火)日本武道館

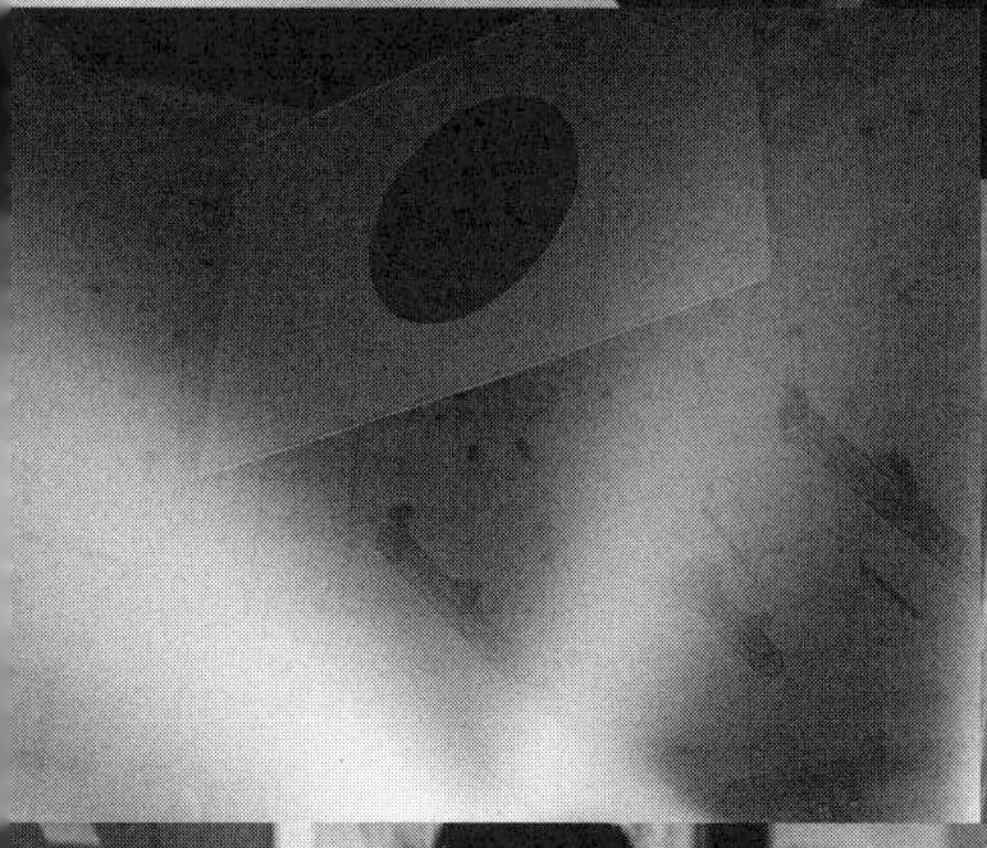

ペーソス
＜SETLIST＞
2019.1.15 日本武道館
TITLE
TIME
M 3:00
1 疲れる数え歌 3:00
2 ビバ！漏れニーニョ！ 3:30
3 無職の女 3:30
4 年の差婚 1:00
5 あっ！という間の人生 5:00
6 老人のための労働歌
19:00

にっぽんのペーソス
平成→令和を歌う 特殊歌謡バンドの世界

CONTENTS

にっぽんのペーソス
平成→令和を歌う 特殊歌謡バンドの世界

CONTENTS

撮影協力：
［鼎談］表参道・アートスペース AM
［対談Ⅰ］下北沢・La Cana（ラ・カーニャ）
［対談Ⅱ］静岡・GARDEN CAFE LIFE TIME

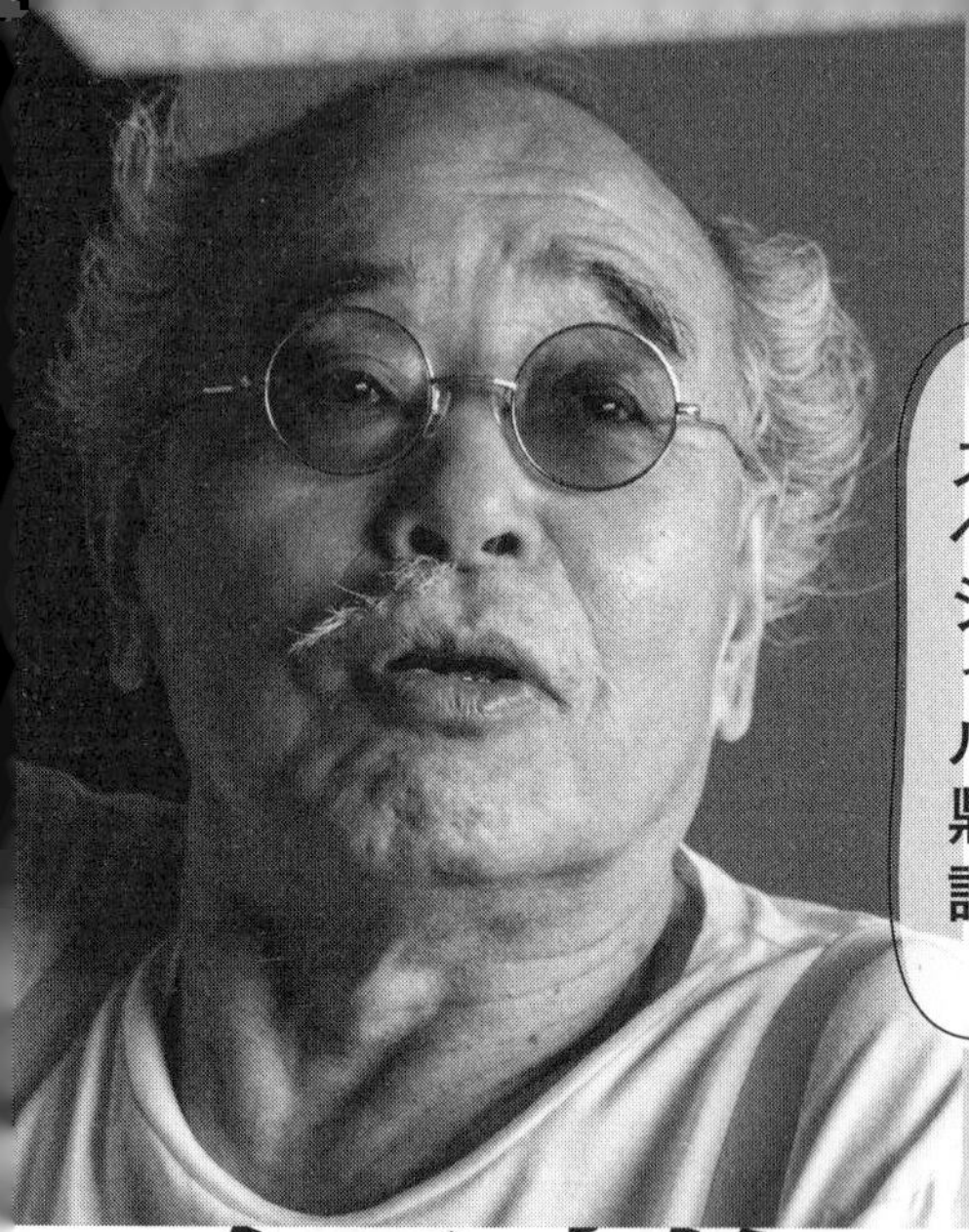

スペシャル鼎談

経惟×島本慶

ペーソス

ペーソスとの関係は浅からぬ、どころか、その誕生の最大のキーパーソンでもある写真家・荒木経惟氏。メンバー島本慶、末井昭とは公私のつき合いも長く深い氏に、ペーソスにまつわるエピソードの数々、歌とその活動、現在について思うところを語っていただきました。

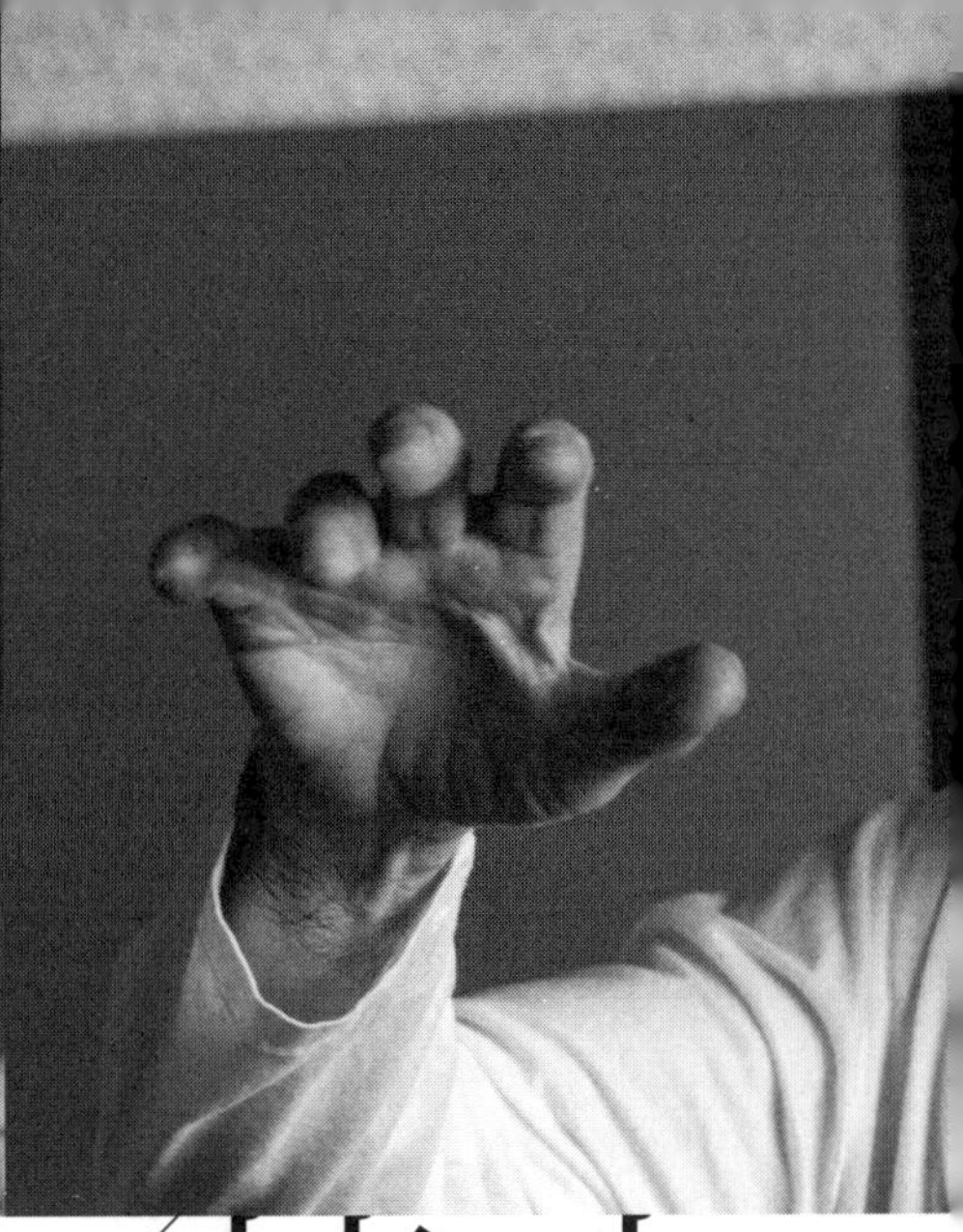

末井昭×荒木

ペーソス

A氏が島本慶に曲作りを勧めた理由《ワケ》

荒木経惟（以下、A） あの頃はしょっちゅう撮影終わった後に飲みに行って花車（※）でみんなカラオケで歌ってたじゃない。その時に、色々歌ってた中ではやっぱり言うところの歌謡曲、分類はよくわかんないけど、島本が「ムード歌謡」と称しているような歌が一番ぴったりしててよかったんだよ。で、末井さんもそうだけど、アーティストだから、すごくストレートにエゴっていうか自分自身を出しちゃうっつうか。他人《ひと》の歌を歌っても島本節が出てた。（オリジナル曲作りを勧めたのは）それなのに他人の歌なんか歌ってんじゃつまらない、ってところが一番大きかった。詩も雑誌で文章も書いてもらってたからわかってたけど、まあ、一応ほどほどの詩人だから（笑）。

末井昭（以下、末井） （笑）。

島本慶（以下、島本） そういう目論みだったんですね。

A じゃなくて、だって俺は写真家だもん。瞬間、咄嗟にパッと、これはイケルって（わかる）。要するにさ、他人の作った歌を自分なりに咀嚼して歌うより、自分で詩を書いて、思ったこと、自分の気持ちを出しちゃった方がストレートじゃない。詩と言っていいか判らないけど（笑）。

末井 微妙（笑）。

A　微～妙♪（笑）。いやなかなか、いいのもあるよ。ちょっと猫がこっち見ていたとか、なんかいい詩があるじゃない。これはイケルと思ったわけだ。それと、道を歩いていくっていう最初の曲がこれでもう決まりだったんだよ。あれはもう傑作なんだけどな。

末井　「霧雨の北沢緑道」。

A　そう「北沢緑道」！　今はアレをなぞっているわけじゃないだろうけど、超えようと思ってはいないだろうけど、超えてないね。

島本・末井　（笑）。

A　ああいう、いい意味でウブ、言葉を換えればピュアなね。緑の映像が出るじゃない、緑の色が。そういうのは最初だから出来たんだと思うけど、それから何年たったか知らないけど、超えてないね。

島本　16年経ちました。

A　16年!?（笑）。でもね、最初に島本の魅力っていうか気にいったのはね、神楽坂に事務所がある頃に、なんだか知らないけど、岩田（※）と2人で初めて訪ねて来たんだよ。その頃島本が出してた「感電キング（※）」っていう雑誌の写真をやってくれって、なんのアポイントも無しに来たんだけど、ドアを開けた時、そこに立っている姿がスゴクよかったんだよ。

島本　それとペーソスと重なってくるんですか？

A　完全にそう、あれからずっと同じだなって。2人がいるっていう映像が……。やっぱり、さっきの北沢緑道も2人じゃない。だからなんかもう根本的にね、そのエレジーっていうか、（島本の世界は）独りで歌ったり詩を書くんじゃない。2人必要なんだよ。これは俺が言うと正論だけど（笑）。ともかく大げさに言うと、人生っていうか生きていくっていうことは、独りじゃないっていう。そこが「ペーソス」の根本じゃないかと。それが血に流れている。本人ははっきりと自覚してないけど、書いている詩を見ると、やっぱり独りでない方がいいっていう、2人で進んでいくっていうか歩いていくんだっていうのが……（流れてる）。じゃないかな、って。当時はいつも飲んでるだけだから、そういう話したことないけど（笑）。

島本　初めて聞きますね。

A　そうだろ、言わないだろ。

壊しが入らないとダメ 変化があればスランプはない

島本　ペーソスもメンバーが増えて今は2人じゃないですけどね。

A　やかましくなったな（笑）。

末井　そうなんです。昔の2人は完成されていて、僕らが入っても邪魔しに行ってるようなもので。

※花車…新宿区歌舞伎町にあったスナック。２０１５年閉店。
アーティストを中心に海外からもアラーキーファンが多く訪れた。
※岩田…結成当時のペーソスのギタリスト。島本の高校時代の同級生。
※「感電キング」…島本と元メンバーの岩田氏で作っていたミニコミ漫画誌。
自費出版だったが書店で販売していた。

A　でもね、そういう雑音っていうかさ、外者が入って来ないとね、例えば最近の歌だって、パァーフゥー（サックス）がいいだろ、壊しが入らないとダメだしね、混ざった方がよくなるんだよ。例えばマイルス・デイヴィスだってさ、みんなに反対されたけど、電気入れちゃったじゃない、途中で。やっぱりそれでよかったんだよ。

島本　末井さんが混ざったり。

A　そう！　色んなものが混ざった方が全然（いい）。混ざった方がね、俗に言うスランプなんてのも無いんだよ。

ペーソスは時代という名の女と次の時代を作れるバンド？

島本　16年やって来れたのもそういうことですね。

A　そうだよ。それにただ単に続いただけじゃなくて、さっき少しも超えてないなんて言ったけど、そういうんじゃなくて。ちょっと自分のことも（歌詞の中に）入ってるけど、社会との距離感が、自然とできて続いてきたって感じで。ただ面白がって続いてるんじゃなくてさ、なんか「時代」という名の女との関係が入っているね。

島本　当時の孤独というものが脈々とあるんですね。

A　それは一番の根本だけど、外科の治療をやらないと脊髄がダメになっちゃうわけだよ、俺がちょうど（病院に）行ってるからわかるんだけどさ（笑）。ね、それが折れないで来れたのはメンバーが替わったり、末井さんが入りこんだりさ。……普通の、音楽やアートをちゃんと目指している奴だったら、末井さん入れないよ（笑）。

末井・島本　（笑）。

A　今はちゃんと（サックスに）なってるけど（笑）。

末井　今は伴奏できてるけど（笑）。

A　いい意味で猪苗代湖のサム・テイラーってさ（笑）。今はさまになってるじゃない。快いというのも一つの魅力だからね。だろ！

島本　ハイ。

A　快いペーソスなんて素晴らしいじゃない。

島本　それは荒木さんの中では予想されていた？

A　予想じゃなくて、見えるんだよ（笑）。さっき言ったけど、最初に見た時にこれは絶対続く、新しいことが続くぞ、って（見えてた）。要するに、時代を追っていくんじゃなくて時代を作っていくっていう、予感っつうか俺自身がそういうデタラメなカンで来てっから（笑）。得意なんだよ〝目利き〟は（笑）。

島本　当時は仕事が終わって荒木さんとみんなでカラオケやるっていうのがだんだん楽しくなってきて、カラオケボックスには行ったことなかったし、末井さんと高田馬場にある「バッカス」っていうバーで荒木さんの前で歌う前に修行してたわけですよ。

A　あの「Barバッカスにて」なんて名作だよすごく。

島本　あそこでね、よく歌ってから（「人妻エロス」の）打ちあげで歌うんですよ。

末井　島本さんみんなが知らない歌を歌うんですよ。ムード歌謡でさ（笑）。

島本　エッチな歌が多かったな。でも最初に（オリジナル曲を）作れと言われた時は、エッ!?　出来るかな、って思ったけど、考えてみたら昔替え歌の連載したこともあったから。

末井　「週刊プレイボーイ」にね。

島本　音楽のことは判らなかったんだけど、言葉ができると、例えば「明日」は〝あした〟なんですよ。〝ああした〟とは言わない。だから言葉が曲を作っていくんですね。

A　最近なんかすごいよ、お前できるか（写真展のテーマ曲）言ったら、大丈夫だって。今度の（写真展）「梅ヶ丘墓情（※）」は難しいかなって期間もないし無理かなって思ったけど、すぐ出来たって言うから。

島本　今日初めて歌詞をちょっと……（見せて）。

A　第一稿を見たんだけど、まあセオリー通りの詞だけどね（笑）。歌詞っていうのは歌い易いとか弾きやすいとか考えてやるから。単純なひらがなの詩とは違うじゃない。

末井　ペーソスが人前で演ったのは、僕が「クラブハイツ（※）」で初めて大西ユカリさんの興行をしたときのゲストで出てもらったのが最初だと思うな。当時から2人で完成していたから、司会（スマイリー井原）は付いたけど、司会は司会だから、音楽と関係ないからね。2人で完成されたものだから、僕が入る余地なかったんです。あの雰囲気を出すことはできない、無茶苦茶しかできないから（笑）。今でも僕が（サックスで）入れる曲はほんの僅かで、それでソロのところをバババババッみたいな感じで、みんなが耳を塞いで（笑）。

練習無しでいきなり本番
すべてに共通する末井スタイル

A　昔から末井の方法っていうのはね、まず、鍛える時期とか練習の時期がないんだよ本人に（笑）。要するに本番に入り込んじゃうんだよ。その中でドンドン戦いながら、ヤリながら進んで行くっていうスタイルだから。

末井　だから何やってもアマチュアって感じがするね。編集でも周辺を見ながら覚えていって、荒木さんなんかと出会って、だんだんと……。

島本　それが末井さんのやり方だね。

A　すべてがそうだからさ、いまアマチュアって言ったけどさ、アマチュア精神ってあるじゃない、シロートって。シロートが一番。オレの被写体の女でもシロートが一番スゴイんだよ。撮ってるうちに変わっていくだろ。（末井さ

※「梅ヶ丘墓情」…2019年5月25日〜6月15日までタカ・イシイギャラリーで開催された写真展。梅ヶ丘の自宅バルコニーで撮った人形や花、オブジェの写真群が展示された。
※「クラブハイツ」…かつて歌舞伎町コマ劇場の建物内にあったグランドキャバレー。
※毎月オープニングパーティ…写真展の会場であったギャラリーのLA CAMERAにて。

んには）根本にそういうようなものがあるからさ。
　バークレーの音楽大学出たとかさ、東大出ても戦争って言うバカがいるんだからさ。そういうことじゃないんだよな、事は。だからまあ、結局アーティストって奴だからさ。

末井　最近はみんな巧くなったって言うんだよね（笑）。

島本　（笑）。

A　それはほんの30分のステージで革命してるんだから毎回（笑）。

島本　革命ですか？

A　革命なんだよ。

知らず知らずのうちに大きな他者に犯されないために

末井　横浜のクレージーケンバンドがよく出てるライブハウスに呼ばれると、そこのマスターが「最近は巧くなったからつまらなくなった」って（笑）。

A　（笑）。

島本　ライブってやっぱりちょっとつまずいたり、焦ったりっていうその現実を味わう場所だから。

A　だから写真機だってさ。オレはデジタルを否定しているわけじゃないけど、わざとあんまり使うな、って（スタンスをとってる）。デジタルにやられちゃうわけだよ性格が。AIでもロボットでもさ、これが正しいんだってさ（なりがちだけど）。でも正しいことなんか決まってないんだから。判らないんだから。それは向こう（デジタル）が決めたことに引っ張られるわけで、写真だってキレイに写って見えるのがいい写真だって、見る方もなっていっちゃうんだよ。知らず知らずのうちに上手なこととか、巧いことに犯されちゃうわけだよ。色はこういうのがいいんだっていうのを、大きな他者が決めちゃうわけだよ、メカかなんかが。だって誰が撮っても、一見したらキレイじゃない。

末井　それにいくらでも撮れますし。

A　そう。だからペーソスにはそれがないんだよ、ひょっとして新しいデジタルかもしれないけど（笑）。

島本　新しいAIかも（笑）。

A　愛のあるAIでないと困るんだよ（笑）。だから最初から決められた五線譜を丁寧にたどっていくとかじゃないんだよ。日々人生をやってるんじゃないの？　ペーソスって。

島本　それがペーソスの魅力ですか？

A　そういうようなことだね。要するに、生きてるってことだよ。動いているってこと。
　俺の写真だってね。1／125だとか、1／8とかさ、これは止めてるんじゃないんだよ。1／8という動きの魅力を撮ってるんだよ。1／8の中の動きを撮ってるんだよ。判りにくいけどね。たった1枚で映画の『東京物語』になっているわけだよ。そういうような気分の写真。だから1枚でいいってわけじゃなくて、それをまた壊すっていうかさ、北斎にしろ、富士山描いて頂点に登って龍になって昇天しちゃう。なあ。俺の場合我慢して、九合目ぐらいでご来光を見て転げ落ちる（笑）。

島本　ペーソスは何合目ぐらいでしょうか？

末井　最初から頂上目指してないから（笑）。地面に這いつくばってるから（笑）。

A　富士平辺りで（笑）。

島本　富士五湖あたり泳いでいるかも（笑）。

A　頂点目指すっていうか、極めるっていうか、巧くなろうなんか思ってないよ。

末井・島本　（笑）。

A　でもそういう深刻なところって音楽家にあるじゃない。残った曲を聞くとなるほどいいってのはあってもさ。だけど本人の中に悲壮さがあるのがペーソスだよ（笑）。そういう現場感っていうか、録音してCDにするっていうこともペーソスにとってはライブなんだよ。ステージに出てやるだけじゃなくてさ。

島本　そんなバンドのCDのジャケットの写真を撮っていただいたりしていますけど。

A　俺はただ素敵に撮ってあげなくちゃって思いがあるからさ。やっぱり俺の方がプロだから気を遣って（笑）。まぁ応援団の役割だからさ。

島本　荒木さんにはずっとペーソスの応援団をしていただいてありがとうございます。

A　同じ気分だな、ってことのつき合いだね。

島本　同じ気分!?

A　大げさに言うと生き方っつぅかさ、なんか動いてるな、生きてるなって感じがあるからさ。ひょろひょろしてるけど（島本は）長生きするんじゃないかな。

末井　単に痩せてるだけだからね。

島本　末井さんは好きな曲はあるの？

末井　僕はサックス吹くからね、雰囲気あるのが好きですね。だから何だっけ、曲名が出てこない……女の子の名前ばっかり歌う歌。

島本　女の子の名前？　なんだっけ。

末井　ディダダダ～♪　ダダダッ～　～ディデディダダダア～なんだっけ。

A　だいたいさ、自分たちの歌のタイトルがスグに出てこないっていい加減だよ（笑）。

末井　あっ「心残り」。

島本　「心残り」ね。しんみりさせといて、後は笑わせる。涙と笑いだからね、ペーソスは。

末井　島本さんはどの歌が好きなの？

島本　みんな好きですよ。荒木さんが毎月オープニングパーティ（※）していた時期、必ず新曲を、って毎月作ってた時があったけど……。

A　当時は「俺も毎月（写真展）やってるんだから、島本も新曲でなきゃダメだ」ってね。

末井　その（写真展の）度に作ってたんだね。

A　その時に作るテンポができたからいいんだよ。月に1度だから。

島本　そのうち作らなくてもいいって言われてからピタッと作らなくなったね。締め切りがなくなるとね。

末井　あれから1曲もできてないね（笑）。

A・島本　（笑）。

島本　思いつく歌がいくつかあるわけ。一応メモったりしてるけど、どっかいっちゃったりとか。そのうち何を思いついたかも忘れちゃってるし（笑）。やっぱりいつまでにこれ1本って決まらないと取り組めないね。荒木さんの好きな曲はなんでしょう？

A　みんな似たようなもんだからな（笑）。かなりヒットがあるんじゃない、ヒットっていうのは残るもんじゃないけどさ、猫と目あったとかさ、詩人としてはそういう線もいいなって。

島本　なるほど。

A　言葉ってのは音も何もかも入っていると思うんだよ。

島本　そうそうそう。

A　そのひと言の中に。令和なんかも、何か感じちゃうだろ。何かもう入ってるんだよ単なる字面だけでなくて。

島本　言霊ってのもありますけど。

A　言うもんな。それはもう日本の伝統的なものにあるんだよ。（島本は）ほぼ詩人だから（笑）。

末井　ほぼ詩人ってイイネ。

A　糸井ちゃんに感謝しなくちゃ。「ほぼ」付ければなんでもイイ（笑）。

他者と組むことの意味
A氏とのコラボについて

A　今度の「梅ヶ丘墓情」も（楽曲を）頼んだけど、ちゃんとしてんだよ。ちゃんとしたのを作ろうと思うじゃない、バルコニーが墓場に見えるっていう、俺が撮るとどこでも墓場だっていうような気分があるわけじゃない。そういうようなことを、写真見て（島本は）感じてくれているし、その上俺が言うじゃない、余計なことを。そうすると気構えができちゃう。島本の中に、これは軽くはいけないなってのが出てる。ちょっと縄で縛っちゃってる感じになっちゃう。いいものを作ろうとなっちゃうだろ。

島本　怒られないように――。

A　（笑）。

末井　島本さんは毎回、力入れてますよ。

A　俺はこうなんだと、じゃあ勝手に書けばイイじゃない、とそういうもんじゃない。何か他者と組んでやるっつうのは、また新しいんだか古いんだかわからないものが出てくるし、今まで思っていたことを熟してくれたりするわけだ。熟してくれたり、一瞬にして枯らしたりさ。

　花に例えるけどね。（ペーソスは）花とスゴク似てる感じがあるんだよ。花は泣き笑いするからね。ペーソスは泣き笑いだろ結局。

　でもその反面、島本が人気出て売れてくれたらいいなって思うんだよ。武道館をいっぱいにするのがアレだとかさ。そういう金になるとか、何万にも集められる野外フェスティバルもイイし。

島本　世俗にまみれる？

A　世俗が入ってないとダメだよ。俗が無いと。例えば風俗じゃないけど風に逆らったり風に乗ったりすることと、俗っぽくてちょっとなあみたいなところがないとダメだよ。

島本　ペーソスにはありますか？

A　うん、その線で行ってるんじゃないかと思うんだけど。だから会って誉めたりするとんでもないものを作ってくるじゃない（笑）。間違って、って変だけど、イケテルねなんて言われて、いい気になるとこもイイじゃない（笑）。この間小林亜星さん撮ったら、アレ（ペーソス）は面白いねって言ってたよ。（亜星さんは）イイとこ突いてるんじゃないの。音楽の先にあるモノを見抜いているか判らないけどね。

あの小林亜星氏が
ペーソスに太鼓判!?

末井　あの人は口癖があるんですよ。歌謡曲っていうのは詩と……なんだっけ。

島本　詩と文学ともちろん音楽と、そこに演劇的要素が無ければ歌謡曲とは言わない。

A　おおっ！

島本　それを演ってるのはあんたたち（ペーソス）だけだ、って仰るんですよ。

A　おおっ！

末井　しかしペーソスがこんなに続くとは思わなかったね。16年も（笑）。島本さんだいたい色んなことを考えて色んなことをやってきてたんだけど、だいたい3カ月で終わるんだよね、飽きちゃって（笑）。

島本・A　（笑）。

末井　だから歌だけはね、続いているのがすごいね。これだけ続けば一生続くわけだから。

島本　荒木さんがやれって言ったから始まったことですよ。で、ギターがいた方がいいなって思って、最初は岩田に声をかけて2人で練習して。でも北陸ツアーの帰りの新幹線かなんかで、『俺辞めるわ』って言われて、ひと言で辞めるってどうなの？　って感じでしたね。2人しかいなかったから。

末井　司会と、2人だけね。

島本　辞めるってことはペーソス終わりってこと!?　って思ったんだけど、待てよ司会もいるしな、ってなった時に、スマイリーがいいギターを連れて来たんですよね。米内山尚人、アイツは天才だから。

A　彼はいいじゃないか。

末井　スマイリーいなかったら、ペーソスはもう無かったかもしれないね。

島本　そこに末井さんはヤバイと思って応援で加わってくれたし。

末井　（いつのまにか）レギュラーになってたから（笑）。岩田さんが辞めたから盛り下がると思って、最初は応援でね。

A　活を入れに入ったんだよ。

島本　だからまた一からやり直しって感じにはなったけど——（かえってよかったのかも）。

末井　でも毎回出演しようと思ったら、ドンドン（ライブが）増えちゃって、年100回もやるんだから（笑）。（それは）ついていけないから……。

島本　今夜もライブです（笑）。

末井　年100回はないよな。それが本業になっちゃうから。

島本　荒木さんはペーソスとコラボしてるんですかね？

A　そういう気分はあるね。そうでなきゃやったって面白くないじゃん。ほぼ天才なんだろ（笑）。これからのペーソスもその時その時にまた新しいことにぶつかるから、絶対これから刺激になるAIとかさ、そういうのが出てくるんだ。気にくわないとか興味ないとか合わないなって思っても、つき合うといいんだよ。

島本　つき合うと面白いものが出てきますか。

A　全然そうだよ、俺も何かやるときに、相手のダメなところとか強いところがあるから面白いんじゃん。自分が変えられちゃうぐらいな強風が突然吹いてきて倒れないとか。それに逆らわずに転がっちゃうとかさ。俺の場合は石ころじゃないんだよな。

末井　荒木さんは風そのもの（笑）。

A　でもどうなるかなんて判らないんじゃん、ペーソス。やってる本人たちがどうでもいいやって思ってやってるんだから。これは強いよ。

A氏から見た
今のペーソスのこと

A　でも末井さん巧くなったね（笑）。まあアドリブのところに来たときに、おっあれ！　って思うぐらいな〝あれ〟があるんだよ。俺は音のいい悪いが判るからさ。タイミングがいいんだよ。まあ人数も5人では多くはないよ、いっぱいいていいじゃない。

末井　僕は楽しいですけどね。人が多いから。

島本　だんだん楽しくなってきたね。ただライブやってるだけでなくて。

A　それはもう最高だよ。

島本　自分たちが楽しくなってきてるんだよね。

A　最初の頃は妙な野心があったろ。

島本・末井　（笑）。

末井　前はよく暗いところでやってたけど、最近は明るいんだよね会場が。

A　だって楽しそうにやってるのが観てて伝わってくるもん。いいじゃない。

島本　お客さんに女性も増えてきているしね。

末井　最近島本さんの歌う時のゼスチャーが増えてきてるよね。

島本　演劇的要素（笑）。

A　受けるとすぐ繰り返すから（笑）。それがいいんだよ。

末井　この間も国立演芸場に出たから、お金払って見に行ったんですよ、そしたらすごい、手の動きが（笑）。

島本　動いてるといえば、正面向いてるから判らないけど、クラリネットの哲平ちゃんなんて、ものすごく動いてるみたいね。（お客さんが）あの人動きすぎよ、だって（笑）。でも（ペーソスは）やればやるほど楽しくなってきてるね。

A　それはいいよな。

末井　でも楽しいだけじゃダメなんだよ。だから年に1回荒木さんの発注がないと。

A　（笑）。

末井　節目節目で、いい歌できてるよね。

A　俺はもっと楽しめって感じだな。要するにさ、いま曲っていうか詞を書いてるじゃない。それをやめないだけでいいんだよ。書き続けて、途中であの時は失敗したなって思う時が一番見える時があるんだよ。そういう時が来るんだよ、このことだったのか、って。あの時はこれがダメだと思ったけど、こっちの方が自分としては正しかったんだっていうような時期が来るんだよ。いまは駄作をいっぱい作っておいて（笑）。

島本　毎月作ってる時はとんでもない曲もいっぱいあったんだけど。最近は末井さんがその頃の曲を引っ張り出

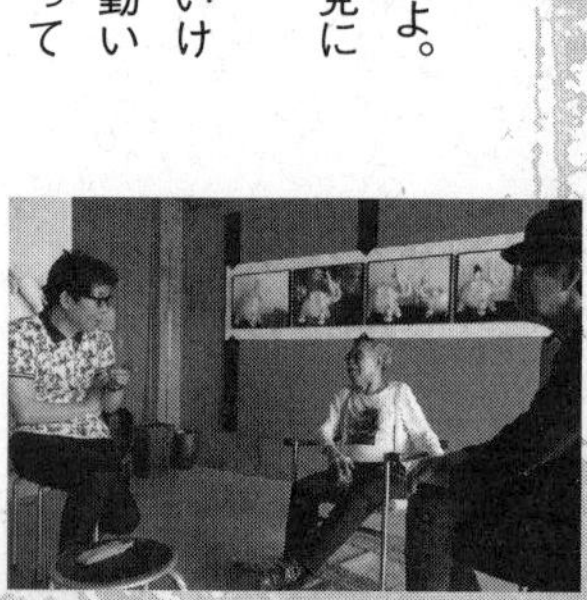

してきて……。

末井　拾ってるんですよ。演らなくなったから。

島本　実際演ってみるといい曲なんですよ。

A　そうだろ、その時ダメだなって思った曲がな。自分自身を見られるようになってきたんだよ。でもそれができる頃になると体調が悪くなる、余命何年とかになっちゃう（笑）。辞める時は死ぬ時だっていうこと。ペーソスを人生にしなくちゃダメだよ。

末井　ステージに這いながらでもさ（笑）。

A　（笑）。

島本　ベッドに寝ながらとか（笑）。

A　さぼらないでずっとやると評判が広がるよ。評判が広がるっていうのはおかしいけど、人気がボンボン出てくる。だいたい人気があるっていうのは最低ラインだよ。

島本　NHKの「みんなの歌」ってあるでしょ、「大人のみんなの歌」っていう番組をどこかに作ってほしいんですよね。

A　（笑）。

末井　ペーソスは今のままが続けばいいじゃないですかね。音楽はとにかく置いといてね、メンバー5人が集まるっていうのがいいんだと思うんですよ。みんなそれぞれどうしようもない人たちなんで、僕も含めて（笑）。

A・島本　（笑）。

末井　30代、40代、50代、60代、で、僕が70代ですから、5世代。全部年代が違って。それが普通に平等に話したりしてね。

A　今はいい時期だよ。いい年こいたのが演ってるって、羨ましい感じをさせる要素が出てきた。そういう風体になってきたよね。来る方は（メンバー）それぞれの音楽の巧いヘタは判らないけど、そんなことよりまあ、それを見に来るっていう流れが出てるから。かなりいいと思うよ。

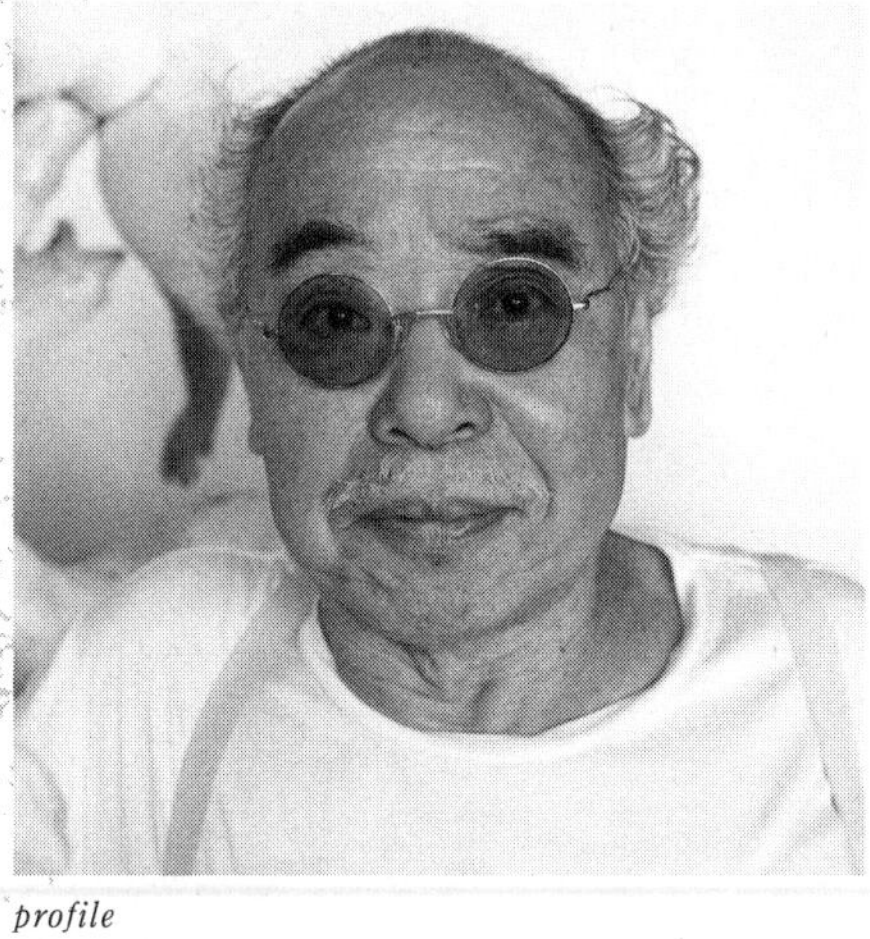

profile

荒木経惟（あらきのぶよし）

1940年東京都台東区三ノ輪生まれ。1963年千葉大学工学部写真工学科卒業後、電通入社。1964年『さっちん』で第1回太陽賞を受賞。1972年以降フリー。叙情的かつ過激な作風で写真界のみならず社会で「天才アラーキー」として広く認知され、写真集はその数500点超、個展も国内外で数多く開催。2008年オーストリア政府より科学・芸術勲章受章。

ペーソスの最終兵器

クラリネット 近藤哲平さんによる

「ペーソスは、とにかくサイコー！」

現ペーソスの誇る演者5人体制（流動的）が実現したのは2017年3月、アルバート式クラリネット奏者の近藤哲平さんの加入によるものでした。プロの音楽家として多彩な活動を展開してきた近藤さんがなぜペーソスに加入したのか。公式ブログに当時投稿された記事には、加入の告知とともにペーソスの魅力が的確に伝えられています。

というわけで、ペーソスの概要把握を助ける同ポスト（2017年3月11日付）を下記に紹介しておきましょう。

〝哀愁おやぢの平成歌謡〟ペーソスに加入しました！

2年前にはじめて見て衝撃を受けて以来のペーソスファンとして、こんな光栄なことはありません。

ペーソスは、とにかくサイコーなんですよ！

人生の酸いも甘いも噛みすぎて渋味まで出てきてしまったような、ああもう言葉では説明できないけど、心に沁みまくる楽曲とメンバーのたたずまい。

音楽って、音程やリズムといったテクニック、いわば「技術面」と、ハート、つまり「感情面」の2つの側面があって、「技術面」が優れたバンドはいくらでもいるんです。

でも、「感情面」の方が突出するケースは、多くありません。

ペーソスは、その「感情面」のみが凝縮されたような、その結果どんな人の心にも触れることのできる、稀有なバンドです。

曲を書くのは、ボーカルの島本慶。

俗名、なめだるま親方。

風俗ライターの草分けで、アラーキーとも親交の深い、知る人ぞ知る人物です。

歌われるのは、飲み屋の風景や、血糖値や尿漏れに徘徊老人やなど、さいわい僕にはまだ縁のないテーマばっかりなんですが、どれもこれもグッとくるんですよね〜。

当面は、ぜんぶのライブに参加するわけではありません。

もうひとり、最強のサックス奏者、末井昭とのローテーション制になります。

末井さんの経歴もまたすごい。

元白夜書房取締役。

『パチンコ必勝ガイド』『写真時代』を世に送り出した人物。

2014年には『自殺』で講談社エッセイ賞を取ってます。

自伝にも書いてあるけど、まあ激動の、それこそ映画になりそうな人生を送ってきただけあって、普通の人間には吹けない音を出す。

一度は聞いてほしいサックス奏者です。

特にミュージシャンには。


ここにさらに、スマイリー井原の飄々とした司会と、古賀政男スタイルを彷彿とさせる米内山尚人の流麗なギターが加わります。

いいバンドです。

いいバンドに出会うと、一緒に音を出してみたいなー、と思うものです。
でも、ペーソスについては全然
そう思いませんでした。
だって、全員のキャラというか人間性のようなものの掛け算で、ひとつの世界がすでにできあがっているから。

飛び入りで演奏したことはあるけど、メンバーになるなんてとんでもない。

それが、どういうわけか、このたびペーソスの一員となりました。

とてつもなくチャレンジングなことです。

だって、どれだけ音楽的に「いい演奏」をしたところで、バンドが良くなるとは限らないですからね。

ペーソスという唯一無二の世界に、どうしたら貢献できるか。

冗談ではなく、いままでのバンド経験の中で、いちばん難しい。

でも、きっとやれる。

これがやれる管楽器奏者は、きっと僕しかいないだろう、という自負もあります。

いつものように、まずは形から。

ペーソス用にメガネを新調しました。

そして、ループタイも。

さらにいいバンドになったね、と言われるように、精進します。

ペーソスはホントにサイコーなんで、僕が出ても出なくてもぜひ一度見にきてください!


——近藤哲平公式ブログ「I Believe To My Soul」(https://teppeikondo.blogspot.com/)2017年3月11日付ポスト「ペーソスに加入しました!」より

グラフィー Pathos Discography

『赤と白』

1 赤と白

2 ビバ！ 漏れニーニョ！

3 私に話しかけないで

4 徘徊

5 老人のための労働歌

pathos-records
2016/6/24 release
¥1,000（税込）

『ばんえい讃歌』

1 ばんえい讃歌

2 駆け抜けろ！輓馬（ペガサス）

3 具体的なブルース
〜2015 version〜

4 ばんえい讃歌 〜カラオケ〜

5 駆け抜けろ！輓馬（ペガサス）
〜カラオケ〜

pathos-records
2015/2/27 release
¥1,000（税込）

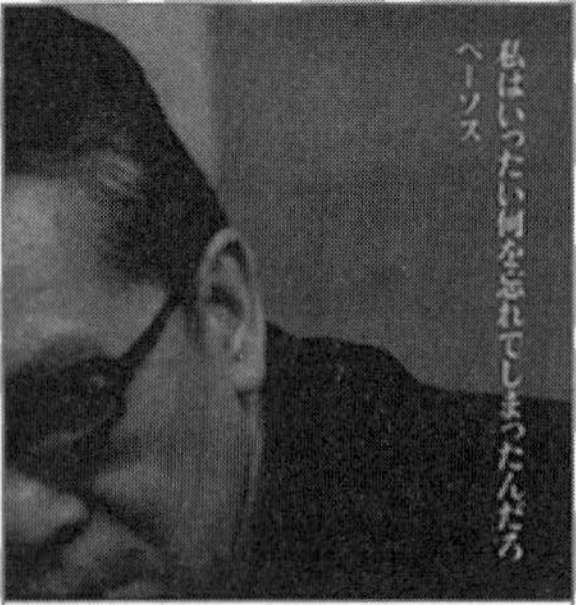

『私はいったい何を忘れてしまったんだろ』

1 ジュテーム―ブレない男―

2 思い出し笑い

3 夜の納豆

4 島の黄昏

5 具体的なブルース

6 私はいったい何を
忘れてしまったんだろ

7 どうせオレたちゃゴマのハエ

8 痩せても枯れても

9 今を生きよう

Bonus track: Barバッカスにて
（ライブ収録）

pathos-records
2013/6/15 release ¥2,000（税込）

『イッテコイショー』

1 MC
イッテコイショーへようこそ

2 モツ焼小唄

3 MC 中継ぎ

4 疲れる数え歌

5 MC そしてイッテコイ

6 イッテコイ節

7 打ち上げ風景

pathos-records
2009/5/4 release
¥1500（税込）
format: CD-R

ほかにも…
BOOK&CD

『血糖値が高いから
-人生の機微に触れまくる
哀愁エッセイ』
ペーソスの裏DVD付き
（全13曲 約56分）

出版社: バジリコ
発売日: 2008/9/13
¥1,890（税込）

『patho stream
おやぢいらんかぇ〜』
P-VINE RECORDS
2005/11/18 release

『ペーソス・アワー
生で甘えたい』
P-VINE RECORDS
2004/9/3 release

『甘えたい』
P-VINE RECORDS
2003/9/20
（2004/9/3再発）
release

ペーソスディスコ

『夫婦冷やっけぇ』

1 夫婦冷やっけぇ

2 意味わかんない

3 もとすり横丁（セリフ）

4 もとすり横丁

5 忘れないで

6 チャチャチャ居候（セリフ）

7 チャチャチャ居候

pathos-records
2018/3/14 release
1,500円+税

『センチメンタルな旅』

1 センチメンタルな旅
（2017年7月）

2 あの時あなたはあの場所で
（2013年5月）

3 左眼ノ恋（2014年5月）

4 後期高齢写（2017年5月）

5 写狂老人エロジー
（2015年5月）

pathos-records
2017/07/24 release
¥1,500（税込）

『Pathos Live 冬』

お稲荷さんのデカイ奴

女のお尻占い

一番風呂へ

クリスマスの夜

Barバッカスにて

霧雨の北沢緑道

他,CD2枚組 全22トラック
下北沢・La Canaでのライブ録音

pathos-records
2016/12/29 release
¥2,000（税込）

ここで聴ける！ amazon Prime／Majix

『倚りかかりたい』

1 倚りかかりたい

2 お疲れサンデー

3 陽溜り

4 おやぢ玉子好き

pathos-records
2012/5/2 release
¥1,000
※CD-R完売

『焼酎のお湯割りをもう一杯』

1 腰
～新宿税務署員（女）の腰～

2 シウマイ弁当

3 飯蛸の夢

4 焼酎のお湯割りをもう一杯

pathos-records
2011/5/3 release
¥1,000 format: CD-R
※CD-R完売

『歌謡報道 ペーソステーション』

1 ご挨拶 最初のNEWS

2 空飛ぶ領収書

3 次のNEWS

4 無職の女

5 最後のNEWS

6 マグロは泳ぎ続けてる
馬は立ったまま眠ってる

7 オツカレサン

pathos-records
2011/5/3 release
¥1,000 format: CD-R
※CD-R完売

の歌世界

コード譜付き
46曲
＋
楽譜付き
3曲

よろしく
49ペーソス♪

〈其の弐〉人生賛歌・応援歌？編

〈其の参〉酒と肴とペーソス編

よろしくペーソス

うたぼん #1▼20

ペーソス

〈其の壱〉女・男・夫婦編

Em7-5 A7 Dm
なのに貴方は立ち飲み屋
Gm Dm A
安〜い焼酎の炭酸割り
Gm F A
ハムカツ頼んで　ソースをぶっかけて
A7
あっははぁーん！　ココなんか
Dm A7
タバコ臭い

四、
Dm Gm A
貴方まかせの夜だから
Gm F A
中華のお店を予約して
Gm F A
おいしいフカヒレ食べたいわ
Dm Bb Gm A
瓶だし老酒も飲みたいわ
Em7-5 A7 Dm
ななのに貴方はラーメン屋

Gm Dm A
何を割るのかハイボール
Gm
ギョーザは酢醤油に
F A
ラー油も入れて
A7
アハハ・・・あぁもう！

テーブルが
Dm A7
ベタついてる

・・・さようなら

カ・イ・セ・ツ・？

島本慶

私の場合、ちょいと一杯飲みに行くのにアレコレ迷うこと無く暖簾をくぐる店ってのが４〜５軒有ります。たまに行く新宿ゴールデン街の大川恵子さんの「ビッグリバー」は別として、三軒茶屋や下北沢あたりの店です。

さぁて今夜はどこで飲むかなぁ？　なんて思いながらも同じ店に何日も通ったりもします。でも女性と飲みに、もしくは食事に行くとなると、そうはいきません。やっぱり相手の行きたい所に行くってことになります。

○○は？「駄目！」。○○は久しぶりじゃん。「駄目！」となるわけです。私はもぉどこでもいいから早く飲みてぇ！　って気持ですから結局は逆に貴方任せってことになるわけです。この詞はようするに裏返しなんですな。

この曲に出てくるような痛すぎる勘違い男って、ホントにいるんですよね。初デートで女の子をロッテリアに連れてって振られた人を、個人的に知ってます。井原さんの語りがリアルで、実際にデートで自信満々にサイゼリアへ行ったことが、軽く2、3回くらいはあるんじゃないかって。怖くて本人には聞けませんが。

Commented by 近藤哲平

よろしくペーソス

うたぼん #1

貴方まかせ

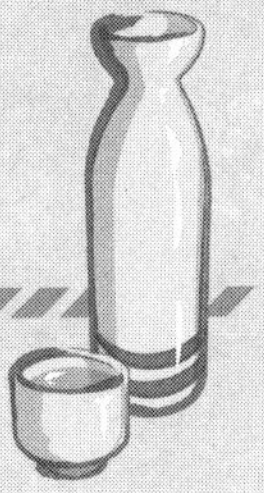

作詞・作曲 島本慶、米内山尚人

編曲 米内山尚人

一、

Dm　　　　　　　Gm　　A
貴方まかせの夜だから

Gm　　　　　F　　　A
リストランテを予約して

Gm　　　　　　　F　　　A
美味しいワインも飲みたいわ

Dm　　　Bb　　　Gm　　A
ヒールのかかとも直したし

　　Em7-5　　A7　　Dm
なのに貴方はサイゼリヤ

Gm　　　　　　Dm　　A
一杯100円の赤ワイン

Gm
フォッカチャー一枚に

F　　　A
シナモンぶっかけて

A7
アハハ・・・おいしいけど

何かココ

　　　　　Dm A7
落ち着かない

二、

Dm　　　　　　　Gm　　A
貴方まかせの夜だから

Gm　　　　　　　　　F　　A
懐石料理のお店を予約して

Gm　　　　　　　F　　　A
おいしい吟醸酒も飲みたいわ

Dm　　Bb　　　Gm　　A
毛糸のパンツは脱いできた

　　Em7-5　　A7　　Dm
なのに貴方は居酒屋へ

Gm　　　　　　Dm　　A
ビールの大瓶にグラス2個

Gm
モツの煮込みに

F　　A
七味をかけて

A7
ああん!　もう!

おつゆがブラウスに

　　　　　Dm A7
かかっちゃった

三、

Dm　　　　　　　Gm　　A
貴方まかせの夜だから

Gm
ホテルのラウンジバーを

F　　A
予約して

Gm　　　　　　　F　　　A
甘いカクテル飲みたいわ

Dm　　　Bb　　Gm　　　A
シルクの下着を身につけて

E7　　　　　　Am E7
飾るのわかるでしょ

Am　Am△7　Am7　D7
甘えたい　甘えたい

Dm　F　　　　E7
甘えさせてよ　ねぇ貴方

Am　　　　　Dm　Am
今度生まれてくる時は

E7
出来れば女に生まれたい

カ・イ・セ・ツ・？

島本慶

この曲の内容はタイトル通りに甘えたいだけなんです。女性の方から甘えさせてとお願いされたらオッサンは嬉しいもんですが、自分はじゃあ誰に甘えればいいのか困ります。

それじゃあ歌の中だけでも甘えられるオッサンの気分で甘えちゃえってなもんですよ。かといって女性になってるわけじゃあ無くてあくまで心音はオッサンですから、女装しているような気分。こんなしみったれた世の中ですから甘えてる場合じゃないんですけど、歌の中だけでもオッパイチューチュー吸わせてってなもんですよ。

それにしてもこの曲が一番最初に作った曲だなんて、かなり変な奴ですな。決してキレイでもない、くたびれたオッサンなのに。

男でも、ハイヒールにミニスカ姿でエルメスやグッチを買い漁りながら街を闊歩すれば、男女問わず街中の視線を集められるし行くとこ行けば甘えられるでしょうけれど、やっぱり男は臆病なのか、なかなか実行に移す勇気がない。願望実現のためには、女に生まれ変わった方が早いのかもしれません。それにしても、美人でチヤホヤされる気持ちって、どんなものなんでしょうか。

Commented by 近藤哲平

よろしくペーソス

うたぼん #2

甘えたい

作詞・作曲 島本慶　編曲 ペーソス

一、

Am
今度生まれてくる時は
Dm　　　　Am　E　　　Am
出来れば女に生まれたい
Am
女に生まれてミニスカを
Dm　　Am　　E　　　Am
穿いてブイブイいわせたい

Dm　　　　　Am
チラリ覗いたTバック
F　　　　　E
男の視線を集めるの
Am　　　　Dm　　Am
そんな男に囲まれて
F　　E　　　Am E7
甘えてみたいのよ

Am　Am△7　Am7　　D7
甘えたい　甘えたい
Dm　F　　　　E7
甘えさせてよ　ねぇ貴方
Am　　　　　　Dm　　Am
そんなワタシの我が儘を
E7　　　　　　Am
聞いてほしいのよ

二、

Am
今度生まれてくる時は
Dm　　　　Am　E　　　Am
出来れば奇麗と言われたい
Am
奇麗に生まれてハイヒール
Dm　　Am　　E　　Am
履いてツカツカ歩きたい

Dm　　　　　　Am
自慢の生アシ覗かせて
F　　　　　E
男はみんな釘付けよ
Am　　　　Dm　　Am
そんな男に囲まれて
F　　E　　　Am E7
甘えてみたいのよ

Am　Am△7　Am7　　D7
甘えたい　甘えたい
Dm　F　　　　E7
甘えさせてよ　ねぇ貴方
Am
エルメス　グッチ
Dm　Am
買い漁り

F#m A D-5 Bm6
私にかまわないで

G#m7-5 C#7 F#m
私に絡まないで

四、

F#m Bm7
私少し酔ったみたい

E7 A∆7
お水をもらえるかしら

D∆7 Bm7
私いつからここにいるの

G#m7-5 C#7 F#m
もう少し強いお酒を

F#m Bm7
あなた寂しいんでしょう

E7 A∆7
私が慰めてあげる

D∆7 Bm7
でも今夜はショーツの

C∆7-5 D6(9) C#7
レースが綻んでいるの

（しまむらに行かなくちゃ！）

F#m Bm7
私どうして独りなの？

E7 A∆7
男たちはどこにいるの？

D∆7 Bm7
私に話しかけてよ

G#m7-5 C#7 F#m
あなた無口なのね

カ・イ・セ・ツ・？

島本慶

これは実際あった話で、たまたま入った居酒屋さんのカウンターに座ったOL風の女性が、生ビールをグビグビしていて、私はテーブル席でホッピーを飲みながら、彼女いい飲みっぷりじゃんと見ていたんです。

するとそばにいた常連の、これがまた仕事帰りのサラリーマン風のお兄さん。彼女に声をかけるも無視されちゃいます。

ただそれだけなのに、彼女の一言が私の胸に刺さりました。「私に話しかけないで！」もぉそれだけで頭の中に詞がぶわぁ〜と浮かびます。そうに違えねぇ！　なんて、かってに想像しちゃうわけですよ。だって彼女ったらイライラしてたし、わりといい女だったし。本当に詞の内容のままだったと信じてます。

寂しさを表現するには、ムード歌謡風の曲調がしっくりきます。一人にしといて、なんて言っても、本当は誰かに話を聞いてほしいもの。心の底から孤独がいいなんて人、いるでしょうか。どんなに気難しい人嫌いのコミュ障も、この曲に出てくる困ったお客や少し面倒そうな店主も、みんな孤独や痛みを抱えてるんですよね。まあでもこの女性とは飲みたくないけど。

Commented by **近藤哲平**

よろしくペーソス

うたぼん #3

私に話しかけないで

作詞・作曲 島本慶　編曲 米内山尚人

一、

F#m Bm7
私に話しかけないで

E7 A△7
独りで飲みたいから

D△7 Bm7
私のそばに寄らないで

G#m7-5 C#7 F#m
もう少し独りでいたいから

F#m Bm7 E7 A△7
馬鹿な上司の　尻拭いを

D△7 Bm7
させられていたの

C△7-5 D6(9) C#7
思い出したくもないわ

F#m A D-5 Bm6
私に近づかないで

G#m7-5 C#7 F#m
今汗をかいているから

二、

F#m Bm7
私に話しかけないで

E7 A△7
私が酔えるまで

D△7 Bm7
私にくっつかないで

G#m7-5 C#7 F#m
独りになりたいから

F#m Bm7
マルちゃん正麺を

E7 A△7
買ってみたけど

D△7 Bm7
CMに騙されたわ

C△7-5 D6(9) C#7
やっぱりサッポロ一番よね

F#m A D-5 Bm6
私に囁かないで

G#m7-5 C#7 F#m
独りにさせておいて

三、

F#m Bm7
私に話しかけないで

E7 A△7
もう少し独りにしてよ

D△7 Bm7
私にすり寄らないで

G#m7-5 C#7 F#m
独りグチを言いたいから

F#m Bm7 E7 A△7
夜中に洗濯器を　回していると

D△7 Bm7
壁を叩かれるの

C△7-5 D6(9) C#7
隣のジジイに

Dm　A
横浜駅から列車に揺られて
Gm　Dm　A Dm
そばに貴男の好きだったシウマイ弁当

Dm　A
若いコがいいのね若いだけがいいのね
Gm　Dm　Dm　A　Dm
若けりゃ馬鹿でもいいのねパッパラパーでも

Dm　A
横浜駅から列車に揺られて
Gm　Dm　A Dm
そばに貴男の好きだったシウマイ弁当

Am　B♭onA　A7
逃げる貴男を追いかけて南へ向かいます
Gm　Dm　A7　Dm
手にはアナタが好きだった伊藤園の「お〜いお茶」

カ・イ・セ・ツ・？

島本慶

この詞はただ１箇所、気になったので書いた詞です。つまり、シウマイにグリーンピースがあったり無かったりしていること。チラッと聞いた話だけど、このお弁当を製造している所は、本場神奈川と、都内の下町の方？　何となく思い込みで下町の方じゃ、出稼ぎの外国人が働いていて、このグリーンピースをシウマイに乗っけたり乗っけなかったりしてるんじゃないか？　なんてね。

でもちゃんと１個ずつ乗ってるってのも気持悪いけど。やっぱり、あったり無かったりってのがいいのかなぁ？　と思うわけです。どっちにしてもウマイし。それと販売所のお店にお茶を売ってないってのがいいね。となると別の所で伊藤園の「お〜いお茶」買うか。

特別な思い出と結びついた食べ物のひとつやふたつ、誰にでもあるでしょう。それがこんな、逃げた男を追いかけた記憶だったりしたら、もう二度と食べたくないどころか、街で崎陽軒の看板を見ただけで怒りが込み上げてくるかもしれない。たまに起こる白昼の暴力事件って、案外こういうのが原因なのかもしれません。この曲の主人公は、男に追いついて、どうしたんだろうか。

Commented by 近藤哲平

よろしくペーソス

うたほん #4

シウマイ弁当

作詞・作曲 島本慶　編曲 ペーソス

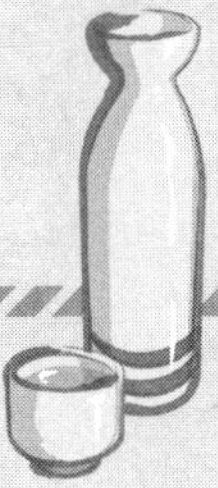

Am　　　　　　　　BbonA　　　　A7
逃げる貴男を追いかけて南へ向かいます
Gm　　　　　　　Dm　　A7　　　　Dm
手にはアナタが好きだった伊藤園の「お～いお茶」

Dm　　　　　　　A
横浜駅から列車に揺られて
Gm　　　　Dm　　　　　　A Dm
そばに貴男の好きだったシウマイ弁当

　　　　　　　　　　　　　　　　　　　A
シウマイ五つ並んでるショウ油とカラシひとひねり
Gm　　　　Dm　　Dm　A Dm
グリンピースがあったり無かったり

Dm　　　　　　　　　　　　A
ひと切れの玉子焼ひと切れのカマボコと
Gm　　　　Dm　　Dm　A　Dm
ひと切れのにくしみと鮪のテリ焼と

Dm　　　　　　　A
横浜駅から列車に揺られて
Gm　　　　Dm　　　　　　A Dm
そばに貴男の好きだったシウマイ弁当

Dm　　　　　　　　　　　　　　　　A
付け合わせにはタケノコ煮角にコンブとショウガと
Gm　　　　　Dm　　Dm　　A　　Dm
アンズを最後に残しつつ怒りがこみ上げる

Dm　　　　　　　　　　　　　　　　　A
ねばりご飯に黒ゴマが梅干しかじればむかついて
Gm　　　　Dm　　Dm　A　　Dm
大事な1個の唐揚げがノドに絡みつく

三、

Dm
アナタと暮らしたい

B♭
美人じゃないから

Gm　　　　　A
信じてくれるでしょう

Gm
騙されてるとは

Dm　　　　　A
思いたくないでしょう

Dm　　　　　B♭　　A
確かめ合いましょ2人の愛を

A7　　　　Dm
天国へ行きましょう

Dm　　B♭
七輪と　練炭と

A7　　　Dm
睡眠導入剤

Dm　　　　　B♭　　　　A
お餅も焼かない煙が出るから

Gm　　　Dm
安らかに　タップリと

A7　　　　Dm
眠らせてあげる

Dm　　　　B♭
サイトでちょい　ハンドルネームで

Gm　　A
メルアドちょい

Gm
ちょいちょいちょいで

A7　　　　Dm
眠らせてあげる

カ・イ・セ・ツ・？

島本慶

この詞はご存知、木嶋佳苗さんのことを歌ったもの。今頃どうしてるんでしょうか？　死刑判決が出てずい分たってますが。一応3人殺したってことになってますが、私の知人で800万円取られたって人がいます。この人は殺されはしなかったみたいで今でも生きてるはず。

でもかなりお爺ちゃんですから今頃どうしてるか？　そんなわけですから、いったい何人のスケベジジイを引っ掛けていたんでしょう。彼女の元々のブログでは体の部分しか見えないものばかりでした。

実際はかなりのおデブちゃんだったのに。殺された人はみんな優しかったんでしょう。体じゃなく、心が欲しかったんだろうにねぇ。

50年後、この本はきっとロングセラー継続中ですが、ここで歌われる木嶋佳苗はすでに過去の人かもしれません。決して美人とは言い難い女結婚詐欺師で、七輪と睡眠導入剤を使って何人をも殺害し1億円以上を手にし、刑務所でも結婚・離婚・再婚をしたレジェンド。この曲は、歴史上の人物を扱った伝承曲として歌い継がれていくことでしょう。

Commented by 近藤哲平

よろしくペーソス

うたぼん

#5

無職の女

作詞・作曲 島本慶　編曲 ペーソス

一、

Dm
アナタに尽くします

Bb
美人じゃないけど

Gm　　　　　　A
料理は得意です

Gm　　　Dm　　　　A
振込先のメモを渡します

Dm　　　　Bb　　　A
婚前旅行に出かけましょう

A7　　　　　Dm
チョイとあの世まで

Dm　　　Bb
七輪と　練炭と

A7　　　　Dm
睡眠導入剤

Dm　　　　　　　Bb　　　　　A
サンマは焼かない煙が出るから

Gm　　　　Dm
安らかに　タップリと

A7　　　　Dm
眠らせてあげる

二、

Dm
ドライブしましょう

Bb　　　　　　　Gm
美人じゃないけどころがすの

A
得意です

Gm　　　Dm　　　　A
振込の　確認取れました

Dm　　　　Bb　　　A
婚前旅行に出かけます

A7　　　　　Dm
チョイとあの世まで

Dm　　　Bb
七輪と　練炭と

A7　　　　Dm
睡眠導入剤

Dm　　　　　　　Bb　　　　　A
イワシも焼かない煙が出るから

Gm　　　　Dm
安らかに　タップリと

A7　　　　Dm
眠らせてあげる

五、

Bm　　D　　EmA　Bm
可愛いお尻の貴方なら
Em　　　D　A　　Bm
青い目の男と結ばれる
G　　D　　F#m F#7　Bm
尽くし続けてきたけれど
Em　　　D　A　G　D
浮気な男で泣かされる

六、

Bm　　　　D　Em A　Bm
蒙古斑の残る貴方なら
Em　　　D　A　　Bm
毛深い男と結ばれる
G　　D　　F#mF#7　Bm
鼻の大きな人だから
Em　D　　　A G　D
離れられない人になる

カ・イ・セ・ツ・？

島本慶

南有二とフルセイルズといえば私の大好きなムード歌謡の大御所です。名曲「おんな占い」はよくカラオケで歌わせて頂きましたよ。

まぁそれもあって、ワシらペーソスもそれをちょいとパロらせてもらい、この詞を書いちゃったりしてスイマセン。

実際私の場合、アラーキーこと荒木経惟さんのヌードの撮影の裏方をやってまして、今まで多くの女性のお尻を拝見させて頂き、なるほどなぁと思うところ多く、こういう内容の詞になりました。

個人的には小尻が好きです。ショートヘアで少年っぽい女性が好き。でも大きなお尻の人も嫌いではありません。何でもいいんだろ女ならだって？　いえいえそうですけど。

女性のお尻についてこんなにも深く考察した楽曲が、音楽史上あっただろうか。いや、ない。この曲のさらにすごい点は、普段ぼくらは女性のお尻を見比べることなんてできないわけで、当たっていようが外れていようがわかりっこない、という、反占い勢力の盲点を突いたところだ。緻密に構成された、クレバーな作品である。

Commented by **近藤哲平**

よろしくペーソス

うたぼん #6

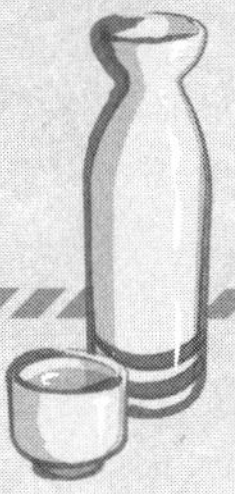

女のお尻占い

作詞 島本慶　作曲 島本慶、米内山尚人
編曲 米内山尚人

一、

Bm　　D　　　Em A　Bm
大きなお尻の貴方なら
Em　　D　A　　Bm
無口な男と結ばれる
G　　　D　　F#m F#7　Bm
ほとんど会話はないけれど
Em　　D　　　A　G　D
いつの間にやら子だくさん

二、

Bm　　D　　　Em A　Bm
お尻が小振りの貴方なら
Em　　D　A　　Bm
年の差婚で結ばれる
G　　D　　F#m F#7　Bm
キツい言葉に耐えながら
Em　　D　　A　G　D
意外に長生きするものさ

三、

Bm　　　D　　　Em A　Bm
ツンとしたお尻の貴方なら
Em　　　D　A　　Bm
マッチョな男と結ばれる
G　　D　F#mF#7　Bm
激しい夜を迎えても
Em　　D　　　A G D
意外な粗末さに涙する

四、

Bm　　D　　　Em　A Bm
お尻にタトゥーを入れた人
Em　D　　　A　　Bm
国家公務員と結ばれる
G　　D　　F#m F#7　Bm
地味なお仕事していても
Em　D　　　A　G D
お固くお仕事出来る人

三、

Am
一人でいたいと
E
言うわりに
Dm　　　Am
女同士で歌舞伎座へ
F　　　　E
冷たくされればされるほど
E　　　　Am
心が疼くんだ

Am　　　　E
何があったのさ
Dm　　Am
男嫌いな君だけど
F　　　　　E
いつかはギュッと抱きしめて
E　　　　　　Am
のたうちまわらせる
Dm　　E
獣のように
E7　　　　Am E
狂わせてみせる

カ・イ・セ・ツ・？

島本慶

オヤジの趣味というか好みとして、男っぽい女のコとか、暴力的な手のつけられない女とか、まぁそこまでいかなくても、とても男を寄せつけない雰囲気の女性、なんてちょいと好きですよね。違う？

キリリッとした感じ。素敵ですよ。「男嫌い」というドラマが昔あったのをご存知でしょうか。長門裕之がバーで酔っ払うと必ず隣にいる女性のホッペをペロペロ舐める役でした。

まぁとにかく、タイトルはそのドラマから頂いて、思い出すのは岸田今日子ですよ。素敵でした。それと映画にもなってて、こちらには越路吹雪、淡路恵子、横山道代とかが出てました。TVと映画、どちらも輝いてたのは岸田今日子。声がいいよねぇこの人。

いやー怖いですねこういう人。アイツ本当は俺のこと好きなんだって思い込んで、突然ギュって抱きしめちゃう。犯罪者ですよ。まあ確かに、男嫌い、女嫌い、って言ってる人は、実は傷ついて臆病になってるだけだったりします。そして、傷ついた人がいたら力になってあげたいと思うのが人情。淡々とした曲調で善人と犯罪者の境界を描写した、ペーソスらしい一曲。

Commented by 近藤哲平

よろしくペーソス

うたぼん #7

男嫌い

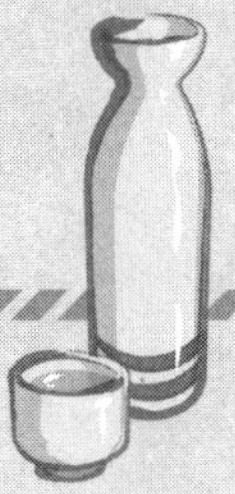

作詞・作曲 島本慶　編曲 ペーソス

一、

Am　E
本の虫だと言う噂

Dm　Am
宝塚が好きだという

F
オートロックの

E
マンションで

E　Am
ひっそり暮らしてる

Am　E
何があったのさ

Dm　Am
男嫌いと言うけれど

F　E
いつかはギュッと抱きしめて

E　Am
のたうちまわらせる

Dm　E
獣のように

E7　Am E
狂わせてみせる

二、

Am　E
男まさりと言われてる

Dm　Am
パンツルックでキリリッと

F　E
背筋伸ばして座ってる

E　Am
隙を見せないね

Am　E
何があったのさ

Dm　Am
男嫌いと言うけれど

F　E
いつかはギュッと抱きしめて

E　Am
のたうちまわらせる

Dm　E
獣のように

E7　Am E
狂わせてみせる

Em
風に吹かれます

Em　　 B7
日陰の女です

　Em
※干されて　干されて

　Em
　干されて　干されて

Em
干されて　干されて

　　　　Am
きたけれど

Em
今日からワタシ

B7　　 Em
心開きます

Em
一夜で変わります

Em　　　B7
女の一夜干し

※

カ・イ・セ・ツ・？

島本慶

魚なんてぇモノは新鮮さが大事で、それこそお刺身に味の違いがスグ出ちゃいます。人間だってオヤジから見れば若い女のコなんてキレイだし初々しい方がいいけど、最近はそうでもなくなってきている。

女性ってのは当然20代は若くていいけど、30代もまだまだ素敵です。40代だって娘みたいな感じだし、おっ！　いいね艶っぽくて、なんてのが50代ですよ。

魚だって干物にしたりするグッと味が出ていいのがある。酒の肴に合うのがいっぱい有りますよ。私が特に好きなのは一夜干しです。女性だって色々と人生経験を重ねるうちに益々魅力的になる。

一緒に酒を酌み交わすと、ほろ酔いになるうちに表情が柔らかくなって過去のことをポロッと口に出す。その語らいが実に何ともタマリマセンな。酒がドンドン美味しくなって、まさに極上の魚のようです。

薄幸な女性の心の機微を題材にした、「応援ソング」とも言える名曲。深みと軽みとキャッチーさと、あと島本さんのステージでの振り付けも合わさって、とってもペーソス的な一曲だと思います。え？　文字じゃあ振り付けまで分かんない？　そんなあなたはライブに来てください。騙されたと思って、心を開いて。

Commented by **近藤哲平**

よろしくペーソス

うたぼん #8

女の一夜干し

作詞・作曲 島本慶　編曲 ペーソス

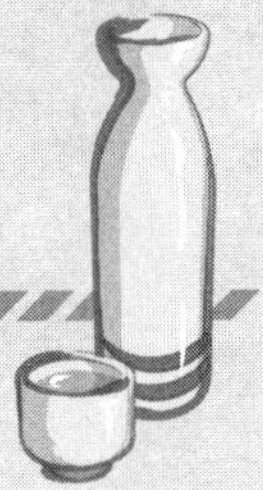

一、

Em
ひょっとして　その感じ

Am　B7
別れ話なの?

Em
何となくここんとこ

B7　Em
そんな気してたの

Em
残されたこの部屋で

Am　B7
朝まで泣き明かす

Em
泣き疲れて気がつけば

B7　Em
お腹が空いちゃった

Em
ワカメの味噌汁と

Em　B7
鰺の一夜干し

Em
干されて　干されて

Em
干されて　干されて

Em
干されて　干されて

Am
きたけれど

Em
今日からワタシ

B7　Em
心開きます

二、

Em
ひょっとして　いい感じ

Am　B7
鏡を見ています

Em
脂のってほどほどに

B7　Em
女が匂います

Em
派遣をやめて盛り場で

Am　B7
マスカラ念入りに

Em
女の味が染み出てる

B7　Em
お酒も美味しいの

四、

G　Bm　C　C△7
望みが叶うなら

Am　A7　D7
天然の貴方が良い

G　Bm　C　C△7
じっくり火が通るまで

Am7　D7　G
持ち続けている

Em　Bm　G　Bm
うなぎの寝床で悪いけど

Am7　D7　G
重なって眠りたい

Am7　D7　Bm　Em
肝吸いも　肝焼きも

Am7　D7　G
鰻巻きも柳川も良い

五、

G　Bm　C　C△7
うなぎが食べたいなぁ

Am　A7　D7
うざく思われても

G　Bm　C　C△7
貴方がいないのは

Am7　D7　G　Em
ちょいと煮こごりだけど

Am7　D7
ちょいとキモいと

G
思われてるかもね

カ・イ・セ・ツ・？

島本慶

鰻なんてもぉ高くて食えませんよホント。一年に一度食べれるかどうかですよ。実はこの歌、本当の話ですが、眠っていて夢の中で歌い、歌いながら目を覚まして起きても歌い続けていて、そのまま出来上がったんです。

私、よく眠りながら歌っていて、家人に「ウルサイ！」つって怒られます。でも通常は目を覚ますと忘れるんですな。この曲は、たまたまというか、歌いながら置きたという珍しい曲なんです。

だからそんなにつくり込んでいません。珍しい体験なので、大事にしたいからそのまま歌ってます。他にも夢の中で名曲を熱唱しているのに全〜部忘れちゃってます。モッタイナイと思うけど、しょうがないっすよね。

みんな大好きウナギの歌。耳触りの良いメロディと微妙なコーラス・ワーク。ウナギへの想いとアナタへの想いを重ね合わせているようでそうでないような絶妙なバランスの歌詞は、職人技と言ってもいいくらい。ただ、何の職人かと聞かれるとわからない。ペーソス以外であまり需要がないことだけは間違いありませんが。

Commented by 近藤哲平

よろしくペーソス

うたぽん

#9 鰻の夢

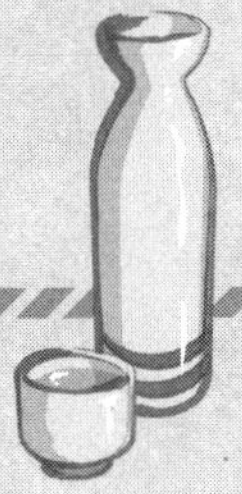

作詞・作曲 島本慶　編曲 米内山尚人

一、

G　Bm　C　C△7
うなぎが食べたいなぁ

Am　A7　D7
高い　高いけど

G　Bm　C　C△7
蒲焼きがうまいなぁ

Am7　D7　G
秘伝のタレ付けて

Em　Bm　G　Bm
海からニュルニュルやってきて

Am7　D7　G
川をうなぎ上り

Am7　D7　Bm　Em
肝吸いも　肝焼きも

Am7　D7　G
鰻巻きも柳川もいい

二、

G　Bm　C　C△7
うなぎが食べたいよぉ

Am　A7　D7
高い　高いけど

G　Bm　C　C△7
白焼きも良いねぇ

Am7　D7　G
ワサビに生姜醤油で

三、

G　Bm　C　C△7
貴方に会いたいなぁ

Am　A7　D7
遠く離れても

G　Bm　C　C△7
貴方と食べたいなぁ

Am7　D7　G
山椒ぶっかけて

四、

Am
シイタケられて
Am　　　E
ネギられて
Am　　　　　　E
ニンニクやしくて
Am　　　　　　　Dm
シメジシメジと涙がこぼれ
Am　　　E　　　Am
シシトウ抱き合った

Am　　　　　　　E
割るならハイサワー

五、

Am
若鳥女は
Am　　　E
セセリ泣き
Am　　　　　　E
燃えてチューリップ
Am　　　　Dm
ネギマ姿でタマネギ握るは
Am　　　E　　　Am
イカがなものでしょう

Am　　　　　　　　　　E
ホッピー飲んで憂さ晴らし

カ・イ・セ・ツ・？

島本慶

どこへ行ってもモツ焼屋さんを見かけます。安いし旨いし、銭湯でひとっ風呂浴びて、モツ焼を食べながら飲む生ビールの旨いこと！

でも実際どうなんでしょう。モツって色々あるけど、どの部位かよく知らないですよね。鳥獣の臓物、つまり内臓。本来は捨てる所で放る物。そこからホウルモン、ホルモンとなったみたいです。

そんな部位を駄洒落にして書いたのがこの曲で、まぁ出来れば飲みながら一緒に歌って頂きたいねぇ。となるとビールからホッピー、ハイサワーなんていいねぇ。とにかく安く、毎晩食べたい飲みたい！　ご飯なんかいらない！　酎ハイとモツ！　そう、モツツモタレツの関係だなぁ。

少年時代を過ごした東松山という町の名物は焼き鳥でした。カシラの味噌ダレが有名で。夕方、焼き鳥屋の持ち帰り用の串を、小学校や中学校の帰り道によく買って食べました。1本100円くらいでした。それが原体験だから、いまでも、焼き鳥屋で味噌ダレが出ると嬉しいんですよね。って、曲とぜんぜん関係ないしモツ焼きの話でもないですが、まあそういう曲です。

Commented by 近藤哲平

よろしくペーソス

うたぼん

#10 モツ焼き小唄

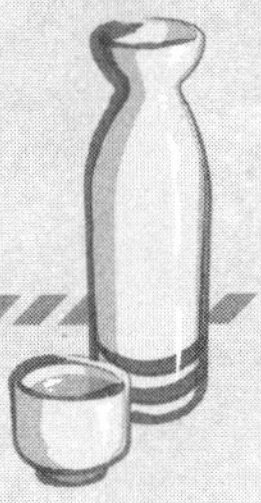

作詞・作曲 島本慶　編曲 ペーソス

一、

Am
カワもあるけど

Am　E
スジがいい

Am　E
早くシロって手羽

Am　Dm
オヤジ豚バラ軟骨中折れ

Am　E　Am
いつまでモツカシラ

Am　E
ホッピー飲んで憂さ晴らし

二、

Am
優しくツクネと

Am　E
教えてあげレバ

Am　E
キモちいいカシラ

Am
お時間かけて

Dm
煮込みまくレバ

Am　E　Am
目出度くハラミます

Am　E
割るならハイサワー

三、

Am
ひとりでガツガツ

Am　E
テッポウ打てど

Am　E
ねたはコブクロ閉じ

Am
センマイ部屋で

Dm
ハツと気がつきゃ

Am　E　Am
頭はハげテール

Am　E
ホッピー飲んで憂さ晴らし

F　　　　　　E
ほろ酔い気分で千鳥足

F　　　　　E7
背中を笑われ帰ります

Am　　F
今夜も聞こえる

E7
ビルの谷間に

Am　　　　E7
おやぢいらんかぇ〜!

三、

Am　　　　　E
おやぢいかがです

E7　　　　Am
ちょいと小太りの

Am　　　　　Dm
おやぢいかがです

F　　　　E7
独り暮らしです

Am　　　　　F
おやぢいかがです

E7　　Am
躰弱いです

Am　　　　　E7
おやぢいらんかぇ〜!

カ・イ・セ・ツ・?

島本慶

この歌を大阪で歌ったところ、客席から、「いらんわい!」と叫ばれました。この時私は、おぉっとちゃんと聞いてくれてるんだと嬉しかったのを覚えています。

いいなぁ大阪って、反応が瞬時に返ってくるのが有り難い。でまぁつい気合いも入ります。この曲の詞の通り、オヤジを売り歩く歌ですが、歌ってる私が思いっ切りオヤジですから身も蓋もありません。

よく言われます。ペーソスって身も蓋もない歌が多いですねって。これを私はホメ言葉として受け取めています。でもオヤジってのは人間発酵食品ですから、若い人より味わい深く旨い!　ぷーんと匂ったりして、これって加齢臭?　やっぱ駄目か。

ペーソスの言う「おやぢ」って、まさにこの曲の感じなんじゃないでしょうか。小太りのおじさんが居酒屋からほろ酔いで出てくるのを見て、独り身なのかなー寂しげに見えるけどきっといい時もあったんだろうなー、とか想像すると、なんともいえない気持ちになります。そのなんともいえない気持ちが、ペーソスなんですね。

Commented by 近藤哲平

よろしくペーソス

うたぼん #11

おやぢいらんかぇ〜

作詞・作曲 島本慶　編曲 ペーソス

Am　　　　E7
おやぢいらんかぇ〜！

一、

Am　　　　　E
おやぢいかがです

E7　　　　Am
ちょいと小太りの

Am　　　　　Dm
おやぢいかがです

F　　　　E7
独り暮らしです

Am　　　　　F
おやぢいかがです

E7　　　Am
躰ひとつです

G　　　C
脂ぎってたあの頃は

Dm　　　F　　E7
浮かれた世間と戯れて

F　　　　　E
すべてを捨てたそのあげく

F　　　　E7
おねぇちゃんに逃げられて

Am　F
今夜も聞こえる

E7
ビルの谷間に

Am　　　　E7
おやぢいらんかぇ〜！

二、

Am　　　　　E
おやぢいかがです

E7　　　　　Am
同じ話をくり返す

Am　　　　　Dm
おやぢいかがです

F　　　　E7
いびきもかきます

Am　　　　　F
おやぢいかがです

E7　　　Am
トイレ近いです

G　　　　C
たまに小さな居酒屋で

Dm　　　F　　E7
煮込みとハイボール

Em
オカァちゃんは帰らない

B7(#9)　　　　Em
今夜も帰らない

四、

Em
紙切れ一枚目の前に

Am　　　　B7(#9)
叩きつけて

Em
冗談よし子さんと思ってたら

C　　　　　　　　B7(#9)
その手が震えてる

Em
ずい分昔から

Am　　　　　　　　B7(#9)
悩みつづけてたんだね

Em
オカァちゃんは帰らない

B7(#9)　　　　Em
今夜も帰らない

Em　　　Am　　　　B7(#9)
ズビズビズビズビズバ

Em　　　　B7(#9)　Em
シャバドゥビ・・・

Em　　　　　　　　B7(#9)　Em
女々しい男の子守歌

カ・イ・セ・ツ・？

島本慶

オッカァが出てっちゃって、残されたオヤジはミジメですなぁ。家にある物はどんどん腐敗してゆきます。こうなるとオヤジはただのボロ雑巾みたいなもの。

ひたすら女々しく、帰るはずのないオッカァの帰りを待ちつづけます。10年でも20年でも待ちつづけます。当然オヤジですから、なかなか眠れません。

そんなオヤジのヤケクソの子守歌ですよこうなりゃ。大声で歌いながら、やがて疲れて眠りにつきます。

最終的には風呂で死んじゃいます。ですから私は銭湯に行くんです。倒れても救急車を呼んでくれますから。どっちにしても酒飲んで風呂入っちゃ駄目ですよ。先に入ってからね。

妻に捨てられた男の荒んだ心を、ブルース・ロック風の演奏に乗ってシャウトする島本さん。それにしても、シャバドゥビってどんな意味なんでしょう。ジャズのスキャットに由来する、なんて言うけれど、カタカナで発音した途端に、なんだか間抜けに聞こえます。悲しい気持ちも、シャバドゥビって口ずさめば、きっと癒される。そんな生きる極意を教えてくれる曲。

Commented by 近藤哲平

よろしくペーソス

うたぼん #12

女々しい男の子守唄

作詞・作曲 島本慶　編曲 ペーソス

一、

Em
冷蔵庫のメンタイコ

Am　　　　　B7(#9)
乾涸びている

Em
牛乳もいつの間にか

C　　　　B7(#9)
ヨーグルトに

Em
カップラーメンばかりで

Am　　　　　B7(#9)
不貞腐れても

Em
オカァちゃんは帰らない

B7(#9)　　　Em
今夜も帰らない

二、

Em
期限切れの豚コマが

Am　　　　　B7(#9)
かなり臭ってる

Em
期限切れのこの躰

C　　　　　　B7(#9)
やっぱり臭ってる

Em
行く先も告げないで

Am　　　　　B7(#9)
どこで何してる

Em
オカァちゃん何してる

B7(#9)　　　Em
今夜も帰らない

三、

Em
洗濯物が畳めない

Am　　　　　B7(#9)
いつも山積みに

Em
セーターなんか

縮みまくって

C　　　　B7(#9)
腕が通らない

Em
居酒屋で焼おにぎりで

シメても

Am　　　　　　B7(#9)
とても満たされない

F#m7onA　B　F#dim　G#7
いつかはそれが癖になる

AΔ7　B6(9)　AΔ7　B6(9)
眠れば夢に出ちゃうのは

D#m7-5　F#dim　G#7
気にしてくれるからだね

AΔ7　EΔ7　F#dim　G#7
優しすぎる貴女だからこそ

A6　G#m　AΔ7
目が離せなくなる

四、

C#m　DΔ7-5
「んなワケないじゃん!」と

D#dim　G#7
言われても

F#m7onA　B
んなワケないじゃん、と

F#dim　G#7
思っている

C#m　DΔ7-5
「何が嬉しいのよこのタコ!」と

D#dim　G#7
捨てゼリフ

F#m7onA　B　F#dim　G#7
それじゃ明日ね、と手を振るさ

AΔ7　EΔ7　D#dim　G#7
「不潔だわ!」と言われても

A6　G#m　B
おそらく言葉の

AΔ7
裏返し

カ・イ・セ・ツ・?

島本慶

男ってのはアホですから、女の子に好き好きぃ!　って言い続けると必ず振り返ってもらえると信じてる。そういう気がしてたんですけど、それって今じゃストーカーなんて呼ばれたりするんですなぁ。

今の男の子はスグに諦めちゃうみたいで、そのせいか童貞率が高くなってるらしい。でもこの詞が、ストーカーと昔の一途な男のギリギリな感じになっているような気がします。

昔のオヤジは、そこそこ一途な感じの方が気分的に合ってると思います。女のコにだってストーカーはいますし、だいたい世界のストーカーの第一号は(というかストーキングからストーカーという言葉が生まれた頃)女性でしたから。まぁ困った曲ですなこれは。

SM願望ストーカー男の屈折した心理を屈折したコード進行で描いてて、いやー凝った曲だなー。僕まだこの曲演奏したことないんですけど、演奏したくないなー難しそうだなーマラカスで適当にごまかそうかなー…。「コマンタレブー」って、フランス語では上品な挨拶言葉らしいけど、カタカナだと上品さのカケラもなくていいですね。

Commented by **近藤哲平**

よろしくペーソス

うたぼん #13

ジュテーム～ブレない男～

作詞・作曲 島本慶　編曲 ペーソス

一、

C#m　D△7-5　D#dim　G#7
「不潔だわ！」と言われても

F#m7onA　B　F#dim　G#
少しは脈がありそうな

C#m　D△7-5　D#dim　G#7
「不潔よ！」となじられても

F#m7onA　B　F#dim　G#7
おそらく言葉の裏返し

A△7　B6(9)　A△7　B6(9)
頭の先から足の先まで

D#m7-5　F#dim　G#7
汚れているからこそ

A△7　E△7　F#dim　G#7
けがれの無い貴女に睨まれる

A6　G#m　A△7
力いっぱい平手打ち

二、

C#m　D△7-5
「寄らないで！」と

D#dim　G#7
蹴飛ばされても

F#m7onA　B　F#dim G#
チカラ加減に救われる

C#m　D△7-5
「電話してこないで！」と

D#dim　G#7
ブチ切られても

F#m7onA B　F#dim　G#7
怒りのメールは続いている

A△7　B6(9)　A△7　B6(9)
頭の中からお腹の中まで

D#m7-5　F#dim　G#7
爛れているからこそ

A△7　E△7　F#dim G#7
美しい貴女に蔑まれ

A6　G#m　B　A△7
ヒールのかかとで踏まれたい

三、

C#m　D△7-5
「汚らわしいわ！」と

D#dim　G#7
言われても

F#m7onA　B　F#dim　G#
本当の気持はわからない

C#m　D△7-5
「イヤラシイ人ね！」と

D#dim　G#7
涙ぐまれても

C#m　　G#m
高学歴をひけらかす

E
物書き評論家
G#m　　B
ウンチクたらたらインテリちゃん
F#　B　G#m　Em　B
ああ　お稲荷さんの小さい奴！
Em　B
ああ　小さい奴！

C#m　F#　B　G#m
見た事ないけどたぶんおそらく
E　G#m　B　G#m
やっぱりほとんど少しはピッタリ

C#m7　F#　B
半分そこそこ当たりでしょ〜

五、
B　G#m　B
家が揺れても気が付かない
C#m　G#m
寝言で歌を歌ってる
E　G#m
昨日の事も今日も
B
明日も忘れちゃう
F#　B　G#m　E　B
ああ　お稲荷さんのデカい奴！
F#　B
ああ　デカい奴！
F#　B　G#m　E　B
ああ　お稲荷さんのデカい奴！
F#　B
ああ　デカい奴！

カ・イ・セ・ツ・？

島本慶

世の中にはチ○チ○デカイ奴と普通の奴、そして小っちぇ奴、色々います。でも羨ましいけどデカイ奴は現実問題として女性にモテル。

だって基本的にデカイ方が女性は気持いいみたいですからね。とはいえバカみたいな巨根でも困るみたいですが。とはいえデカイと心にも余裕が出来て、細かい事に気を使いません。鷹揚に構えていられます。

なんだか物知りなうんちくを並べたって、それは小っちぇからだろ？　ってことを女性は見抜いています。ハイハイハイハイ、なんて聞き流します。やっぱり実体験、つまりセックスに関してはスマホで確認ってわけにはいきませんからね。

キンタマ音頭。人の目を気にせずには生きられない窮屈な管理社会となってしまった現代日本への痛烈な批判を込めた、ペーソス流プロテスト・ソング。って、そんなわけないか。炸裂する末井さんのサックス・ソロは、メジャー・コードの上でマイナー・スケールをぶちかますという、実は音楽理論の最先端。

Commented by 近藤哲平

よろしくペーソス

うたぼん #14

お稲荷さんのデカイ奴

作詞・作曲 島本慶　　編曲 米内山尚人

一、

B　G#m　B
金がなくても気にしない

C#m　G#m
テレビのマツコで笑ってる

E
腹が減っても

G#m　B
酒が切れても気にしない

F#　B　G#m　E　B
ああ　お稲荷さんのデカい奴！

F#　B
ああ　デカい奴！

二、

B　G#m　B
仕事がなくても気にしない

C#m　G#m
いつも口元緩んでる

E
明日は明日で

G#m　B
どうにかなるから大丈夫

F#　B　G#m　E　B
ああ　お稲荷さんのデカい奴！

F#　B
ああ　デカい奴！

C#m　F#
見た事ないけど

B　G#m
たぶんおそらく

E　G#m　B　G#m
やっぱりほとんど少しはピッタリ

C#m7　F#　B
半分そこそこ当たりでしょ〜

三、

B　G#m　B
腹が出てても気にしない

C#m　G#m
禿上がっても気にしない

E
ガスが出まくり

G#m　B
オシッコ漏れても気にしない

F#　B　G#m　E　B
ああ　お稲荷さんのデカい奴！

F#　B
ああ　デカい奴！

四、

B　G#m　B
上から目線で笑う奴

三、

Bm
昼間はどう猛な女でも

F#　　　　　　　Bm
夜はベッドでMになる

G　　　　F#7　　Bm
だから何なの　何も

Em　　　　　G
ア〜ア〜ア〜ア〜ア〜ア〜

F#　　　　　F#7
ライライライライ

　Bm
ア〜ア

〈間奏〉

G
どうせ風が舞うだけさ

A
冬は冷たい、

G　　　　　F#　F#7
夏はムッとした

Bm
マグロは泳ぎ続けてる

F#　　　　　　　　Bm
馬は立ったまま眠ってる

F#　　Bm
眠ってる

カ・イ・セ・ツ・？

島本慶

どうしたもんでしょう。この曲は聞いてもらえりゃスグに解ると思うんですが、つまりあぁ無情ですよ。大人の歌ですなぁ。これくらい意味の無い詞も珍しいでしょ。

意味の無い詞を仰々しく歌い上げてるのは、意味が有りそうって思い込んでいて実は意味が無いのに熱唱して喜んでいる。

このちょっとした違い。どっちでもいいじゃん！　と言われりゃその通りですスイマセン。でもねぇ、歌の上手な人とヘタな人が同じ曲を歌うと、上手な人の方がいい曲に聞こえるというのは、これは騙されてると思う。ヘタな人が一生懸命歌ってりゃ、そっちの方が心を打たれると思うんだけどなぁ。

この曲について僕が言えることは何もありません。

Commented by 近藤哲平

よろしくペーソス

うたぼん #15

マグロは泳ぎ続けてる 馬は立ったまま眠ってる

作詞・作曲 島本慶　編曲 ペーソス

一、

Bm
マグロは泳ぎ続けてる

F#　　　　　　　Bm
馬は立ったまま眠ってる

G　　　　　　F#7　　Bm
だからどうしたって?　別に

Em　　　　　G
ア～ア～ア～ア～ア～ア～

F#　　　　　F#7
ライライライライ

　Bm
ア～ア

二、

Bm
男は柔らかいものが好き

F#　　　　　　　Bm
女は硬いものが好き?

G　　　　　　F#7　　　Bm
だからどうなるの　どおにも

Em　　　　　G
ア～ア～ア～ア～ア～ア～

F#　　　　　F#7
ライライライライ

　Bm
ア～ア

B
好きな本買って読んでりゃ

いい～

G#m
ペーソスのライブに

F#
行って来たらええ～

C#m F# D#m G#m
可愛いおまえと暮らせるのなら

C#m7 F# B Cdim
他には何も要らないさ

C#m F# D#m G#m
可愛いお前と暮らせるのも

C#m7 F# B
残り少ない月日があるだけさ

B G#m F#
オムツ変えてよ！

C#m F# D#m G#m
可愛いおまえと暮らせるのなら

C#m7 F# B Cdim
他には何も要らないさ

C#m F# D#m G#m
可愛いおまえと暮らせるのも

C#m7 F# B
残り少ない月日があるだけさ

下の世話ヨロシク！

「それは無理かな」

あっそ

カ・イ・セ・ツ・？

島本慶

結婚に年の差は関係有りません。女の子の中にはジジイが好きなコもいますし、年上のオバちゃんが好きな若い男のコもいます。

でも限界ってものが…。まぁ２人が愛し合ってりゃ他人がゴチャゴチャ言うことも無いんですが。だたねぇ、若い女の子とお爺ちゃんが結婚するって、何か妙に怪しい。後妻業の人もいるだろうし、経済的に豊かな人が多いし、ついやっかんじゃうんですよねぇ。

経済的に豊かじゃなきゃ、エライ！　ってなもんで応援しちゃいますが。男が年上ならスグにお爺ちゃんでしょ？　若い奥さんは介護をしなきゃならない。オムツをかえたりねぇ。ド不景気な世の中ですから、若い奥さんが心配です。幸せになってもらいたいけど…。

見返りのない愛こそ美しいといいます。相手に何も求めない。ただそこにいてくれればいい。あなたのためになんでもやってあげる。なんて、現実にはそんな風にはなかなかできないわけで。下心を隠していい顔ばっかりしてると、けっきょく最後には寂しい思いをすることになるという、教訓に満ちた曲ですね。

Commented by 近藤哲平

よろしくペーソス

うたぼん #16

年の差婚

作詞・作曲 島本慶　編曲 米内山尚人

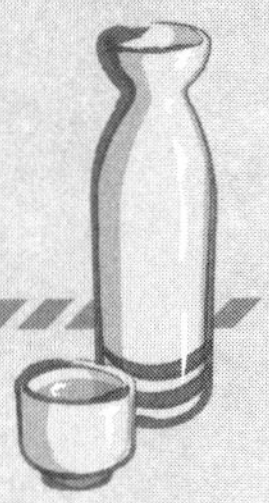

一、

B
洗濯なんかしなくったって

いい〜

G#m
掃除なんかしなくったって

F#
ええ〜

B
お米なんか研がなくったって

いい〜

G#m
お風呂なんか炊かなくったって

F#
ええ〜

C#m　　F#　D#m　　G#m
私が全部してあげるから

C#m7　　F#　　　　B
そこにただ座ってるだけでいい

二、

B
箸よりも重いもの持たなくても

いい〜

G#m　　　　　F#
ゆっくり寝ていればええ〜

B
台所にも立たなくたっていい〜

G#m　　　　　F#
ゴミは括らなくったってええ〜

C#m　F#　D#m　　　G#m
私が全てやってあげるから

C#m7　　F#　　　B
いつも笑ってるだけでいい

三、

B
パートで働かなくったって

いい〜

G#m
猫と遊んでいれば

F#
ええ〜

C#m
クックックッ、クックと

D#m7-5　F#m　G#G#7C#m
お米を研ぎながら

F#m6　C#m
おかげでワタシご近所じゃ、

A6　A#dim　G#
いつの間にか

F#m　C#m　D#m7-5　A6 G#
評判の明るい奥さんだって

C#m　C#mΔ7　C#m7
「そりゃ良かったじゃないか、

なによりなにより」

F#m　G#
冗談じゃないわよ！

C#m
小声で（首絞めようかしら）

ラスト、

C#m　G#
クックックッ、クックと久しぶり

F#m　A6　G#
クックックッ、クックとあ〜重い

C#m　D#m7-5 F#m
クックックッ、クックとアナタに

G#　G#7　C#m
愛されながら〜

G#　G#7　C#m
抱かれながら〜

G#　G#7　C#m
思い出し笑い

カ・イ・セ・ツ・？

島本慶

いい奥さんですよ。思い出し笑いの出来る人って幸せそう。心の広い優しい奥さんです。奥さんの笑顔がすべてを包み込み、家庭の平和を生むんですな。

まったく羨ましい夫婦です。いくら旦那が早漏でも、それは奥さんの具合がいいってことの自慢のようにしか聞こえません。

しかも早漏の旦那も、いつまでも早漏なわけではありません。年齢とともにドンドン遅漏になってゆきます。

ってのがまぁ理想ですが、実はそんなに上手くいかなくて、早漏が一瞬にして勃起しなくなることも。となると夫婦ゲンカが始まります。こうなると思い出し笑いなんかしなくなります。ひたすら殴られるでしょう。

井原さんのキャラと、とってつけたようなラテン風味のサウンドがいい感じの一曲。ひとりでクスクス笑ってる人って、たまーに見かけます。あるいは不機嫌そうに悪態をついてる人とか、泣いてる人とか。何があったのか気になるけど、さすがに聞けない。実はこの曲みたいに、見た目の印象とはぜんぜん違うこと考えてたりするのかもしれません。

Commented by 近藤哲平

よろしくペーソス

うたぼん #17

思い出し笑い

作詞・作曲 島本慶　編曲 ペーソス

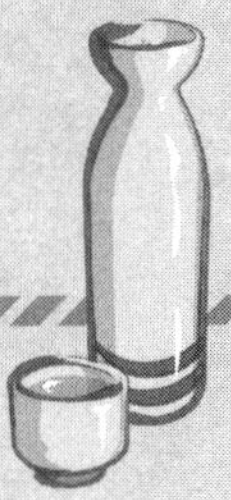

一、

C#m G#
クックックッ、クックと電車で

F#m A6 G#
クックックッ、クックと街角で

C#m D#m7-5 F#m
クックックッ、クックと思い出して

G# G#7 C#m
吹き出してしまうの〜

F#m6 C#m
思い出したらもお駄目、

A6 A#dim G#
こらえきれない

F#m C#m D#m7-5 A6 G#
アノ時のアナタの言い草が

C#m C#mΔ7
「今夜はこのくらいに

C#m7
しといてやるよ」

F#m G#
だってバカ！

C#m
小声（早ぇんだよ）

二、

C#m G#
クックックッ、クックと八百屋で

F#m A6 G#
クックックッ、クックと魚屋で

C#m
クックックッ、クックと

D#m7-5 F#m G# G#7 C#m
お肉屋でコロッケ買いながら

F#m6 C#m
思い出したらもお駄目、

A6 A#dim G#
止まらなくなる

F#m C#m D#m7-5 A6 G#
アノ時のアナタの言い草が

C#m C#mΔ7
「明日早いからさ、

C#m7
早くすましちゃったよ」

F#m G#
だってタコ！

C#m
小声（いつもと同じじゃない）

三、

C#m G#
クックックッ、クックとスーパーで

F#m A6 G#
クックックッ、クックとコンビニで

(語り)

Dm7(9)　G7(13)
会話の無いのが夫婦
CΔ7　C6(9)
傍から見てりゃすぐわかる

Dm7(9)　G7(13)
顔を見たらケンカ
CΔ7　Am7
いびきがうるさい

Dm7(9)　G7(13)
顔を見たらケンカ
CΔ7
いるだけでウザイ

(語り)

Dm7(9)　G7(13)
顔を見たらケンカ　フーフ
CΔ7　Am7
顔を見たらケンカ　フーフ

カ・イ・セ・ツ・？

島本慶

私が小学校の頃でしたから大阪時代に。TV番組で「サンデー志ん朝」っつうのがありました。当然日曜日の番組で確か午後の１時頃からでしたか、わずか１５分の番組でした。

そこでこの「夫婦冷っけぇ」というコントを見たのを覚えています。まぁ夫婦百景のパロディって感じ？　古今亭志ん朝さんと谷幹一さんがレギュラーだったと思います。

この番組が面白くて今でも忘れられません。でまぁ頂いちゃったわけですよ曲のタイトルとして。内容はつまり冷切った夫婦を歌ってます。でも夫婦って仲が悪くても、ケンカ相手がいるだけ増しってことですよ。お互いの恥を舐め合って生きてるんですから、空気みたいなものなら、これは大事にしなきゃ。

ボサノバ曲。ペーソスにはラテンのリズムを取り入れた曲が意外とあります。昔の歌謡曲にもラテンは多いけど、あっちは本格的なミュージシャンのしっかりした演奏。ペーソスの場合はぜんぶ適当です。この曲も本式のボサノバには程遠いんですが、そのいい加減なところがいいんですよね。きっと夫婦も同じ。あんまり真面目になり過ぎない方がいいんじゃないかな。

Commented by 近藤哲平

よろしくペーソス

うたぼん #18

夫婦冷やっけぇ

作詞・作曲 島本慶、米内山尚人　編曲 ペーソス

Dm7(9)　G7(13)
顔を見たらケンカ

CΔ7　Am7
トイレがうるさい

Dm7(9)　G7(13)
顔を見たらケンカ

CΔ7　C6(9)
トイレがうるさい

Dm7(9)　G7(13)
顔を見たらケンカ

CΔ7　Am7
テレビがうるさい

Dm7(9)　G7(13)
顔を見たらケンカ

CΔ7　C6(9)
テレビがうるさい

Dm7(9)　G7(13)　CΔ7　Am7
アナタが作ったプラモデル

Dm7(9)　G7(13)
完成したら

CΔ7
アタシ捨てます

Dm7(9)　G7(13)
アタシも吸うけど

CΔ7　Am7
アンタの煙草

Dm7(9)　G7(13)
窓を開けて吸ってよ

CΔ7
ああ煙い

Dm7(9)　G7(13)
顔を見たらケンカ

CΔ7　Am7
トイレがうるさい

Dm7(9)　G7(13)
顔を見たらケンカ

CΔ7　C6(9)
トイレがうるさい

Dm7(9)　G7(13)
顔を見たらケンカ

CΔ7　Am7
テレビがうるさい

Dm7(9)　G7(13)
顔を見たらケンカ

CΔ7　C6(9)
テレビがうるさい

（語り）

五、

B　　　　C#dim　Edim
アナタどうしてしまったの?

B　　　E
私はここに居ますから

E　　　D#m
手を握り抱きしめる

C#m7　　　F#　　B
お願いは一つだけ

G#m　　F#
私のこと

Em7　F#　B
忘れないで

G#m　　F#
私のこと

Em7　F#　B
忘れないで

カ・イ・セ・ツ・?

島本慶

これはあこがれです。こんな優しい奥さんなんか実際いないでしょう。非常にオヤジというかお爺ちゃんにとって都合のいい内容ですもんね。

ボケまくりの旦那の面倒を見るのは大変っすよ。何か、とり返しのつかない事故でもやられた日にゃあもぉ奥さんだって手のほどこしようが無い。だからみんな、出来るだけ安い施設に入れちゃんですもんね。そりゃしょうがない。

この詞はその一歩手前のギリギリの曲でしょう。つかの間の夫婦愛、だから歌えるんです。アンタ誰?　って言われる前の、ほんのひとときの夢です。忘れた方は何も言えないし、忘れられた方はただ黙るだけですから。

切ないですね〜。泣いちゃいますね〜。いい曲すぎて、ライブでは僕も末井さんも演奏に参加せずに、脇で聴いています。派手じゃないけどツボを得た尚人くんのギターが沁みますね〜。愛する人に忘れられたら、そんな寂しいことはないでしょう。でもきっとけっきょく、ボケたら忘れられてしまう。そして、忘れられた後にも人生は続く。続編を聴いてみたいですね。

Commented by 近藤哲平

よろしくペーソス

うたぼん #19

忘れないで

作詞・作曲 島本慶　作曲 ペーソス

一、

B　　　　　C#dim　Edim
アナタそれは冷蔵庫

B　　　　　E
トイレじゃありません

E　　　　D#m
お散歩に出かけましょ

C#m7　　F#　　B
無理はしなくてよ

G#m　　　F#
昔は富士山にも

Em7　　F#　B
登ったわよね

二、

B　　　　　C#dim　Edim
アナタ本当に大丈夫？

B　　　　　E
そんなに塞ぎ込まないで

E　　　　　D#m
切れ切れに思い出す

C#m7 F#　B
焦らないで

G#m　　　　F#
楽しかったあの頃の

Em7　F#　　　B
お話しましょうね

三、

B　　　　　C#dim　　Edim
アナタどうしてしまったの？

B　　　E
私はここに居ますから

E　　　D#m
手を握り抱きしめる

C#m7　　F#　　B
お願いは一つだけ

G#m　　F#
私のこと

Em7　　　F# B
忘れないで

四、

B　　　　　C#dim　　Edim
アナタ起きていらっしゃる？

B　　　　　E
何がそんなに嬉しいの？

E　　　　D#m
久しぶりの笑顔だわ

C#m7　　F#　　　B
食事は済ませたばかりでしょ

G#m　　F#
嘘じゃないのよ

Em7　F#　B
おバカさん

C　Em DonF#
漏らしても
G　D7　G
女には目が無いさ

G
性格のキツイ女も
C　G
優しい女も
G GonF#　Em
若いお姉ちゃんも

A7 D7
太ったオバちゃんも
Em　Bm7
若妻、バツイチ

C　Em DonF#
未亡人
G　D7　G
貴女の匂いが好き

四、
G　C　G DonF#
ハレルヤ　ハレルヤ
G　Em　A7 D7
ハレルヤ　ハレルヤ
※
Em　Bm7
痩せても枯れても
C　Em DonF# G　D7　G
干乾びても　貴女を忘れない

※2回くりかえす

C Bm Am G
ハレルヤ

カ・イ・セ・ツ・?

島本慶

何でも良かったんですよ。ひたすらハレルヤって叫びたかっっただけなんです。本来はメデタイ席で歌えるといいなぁって思ってたんですが､実際に歌ったのは葬儀の時でした。

７３歳でこの世を去った、ペーソスを応援して下さった加藤さんがこの曲が大好きで、「もしアタシが死んだら、葬儀ん時に歌ってよ」とおっしゃられてたからです。

ですから未だに結婚パーティーでは歌っていません。ここんとこバッタバッタと人が亡くなってゆくばかりで、目出たいことがありませんしね。なんかこのままだとこの曲がどんどん悲しい時に歌う曲になってしまいそうでちょっと心配です。だって自分もそろそろ、なんて気がしてしょうがないんです。

これは、ずるい曲です。まず、曲調がずるい。賛美歌なんて、感動的に決まってる。だって感動させるための音楽なんだから。そして、歌詞もずるい。酒とツマミの名前で油断させてといて、「あなたの匂いが好き」なんて急に文学的になって感涙させる。あーずるい。これからどこかで「痩せても枯れても」って言葉を耳にするたびに、この曲を思い出すかもしれません。

Commented by 近藤哲平

よろしくペーソス

うたぼん #20

痩せても枯れても

作詞・作曲 島本慶　作曲 ペーソス

一、

G C G DonF#
ハレルヤ　ハレルヤ

G Em A7 D7
ハレルヤ　ハレルヤ

Em Bm7
痩せても枯れても

C Em DonF#
縮んでも

G D7 G
粉物には目が無いさ

G
お好み焼きに

C G
もんじゃ焼き

G GonF#
たこ焼きに

Em A7 D7
焼きそば

Em Bm7
ネギに揚げ玉

C Em DonF#
紅しょうが

G
どれ一つとして

D7 G
欠かせない

二、

G C G DonF#
ハレルヤ　ハレルヤ

G Em A7 D7
ハレルヤ　ハレルヤ

Em Bm7
痩せても枯れても

C Em DonF#
耳が遠くても

G D7 G
お酒には目がないさ

G
生ビールに

C G
ウイスキーも

G GonF#
焼酎に

Em A7 D7
ホッピーも

Em Bm7
ワインの赤白

C Em
マッコリも

DonF# G
日本酒は当然

D7 G
欠かせない

三、

G C G DonF#
ハレルヤ　ハレルヤ

G Em A7 D7
ハレルヤ　ハレルヤ

Em Bm7
痩せても枯れても

Visual Column

ペーソスさんのパートナーたち 1

米内山さんのギター

Godin Multiac Nylon SA (2012年カナダ製)。シンセも使えるエレキガットギター。ボディトップはスプルース、バック&ネックはマホガニー。セミホロー構造。ネックは薄めで弾きやすいです。音はフラメンコ寄り。無駄に多いライブ活動でいい感じになってきました。

末井さんのサックス

テナーサックスは3本持っていて、全部セルマー製です。最初に買ったのが1983年頃で、円高になったときもう1本書いました。3本も必要ないのですが、2本とも壊れてしまいライブに出られなくなり、仕方なく3本目を書いました。その年は、落としたり倒したりして6回壊しました。

近藤さんのクラリネット

これ、普通のクラじゃないんです。アルバート式といって、現行のクラリネットの前身の楽器なんです。1920年代後半製造、フランスBuffet Crampon社製。独特の音色がたまんない！　指使いは難しいし音色も音程にもムラがあるけど、それも味、ってことで。

痩せても枯れても

C/D G C G D/F♯ G G/F♯ Em A7
ハ レ ル ー ヤー ハ レ ル ー ヤー ハ レ ル ー ヤ ハ レー ル ヤー
D7 Em Bm7 C Em D/F♯ G D7
痩 せ て も 枯 れ て も ち ぢ ん で も こ な も の に は 目 が な い
G
G
さ(ハレルヤ)

ペーソスいろは歌留多

スマイリー井原　作
島本慶　イラスト

い〜よ

（い）いくら犬でも棒は避ける

——避けるでしょ、そりゃ

（ろ）ローンにより小食

——削れるのは食費しかない

（は）凄よりう○こ

——ステージで出たら困るもの

（に）憎まれっ子横浜にハーバー借りる

——ヨット買っちゃった

（ほ）骨折りゾーンのくびれた儲け

——ひたすら腹筋して痩せた

（へ）変態の洋行好き

——日本の恥になるから止めて頂きたい

（と）年寄りの鼻水

——出ちゃうんだなぁ、これが

ち 地獄のサタンも兼ね芝居
——閻魔様と一人二役

り 良薬は口にイガイガし
——年取るとお薬を嚥下できないのよ

ぬ ヌガーに杭打ち
——ネチャネチャするので大変

る 塁はどこ?と呼ぶ
——必死に走ったら見失っちゃったんだね

を 老いたら子に仕返し
——しようと思ったら、された

わ 笑う門には副腎皮質
——分泌されるらしいですよ、たぶん

か 可愛い子にはナビをやらせろ
——素敵なドライブ

よ よしのずいから女湯のぞく
——やってみたい

ペーソスいろは歌留多 た〜ま ⬇134頁へ

スマイリーの Column 1
歌留多だョ!全員集合

「いろは歌」の作者は弘法大師だと言われています。我が家の宗旨は真言なので、縁を感じて心を込めて作った……ワケがない。

こんなものが書籍として世に残ることを悔いております。お大師様、ごめんなさい。

スペシャル対談Ⅰ

ペーソス

島本慶×六角精児

その本業と並行して音楽活動にも取り組み続けてきた2人。ここ数年は誕生日が同じ者同士、顔を合わすことも多い下北沢ラ・カーニャでバースデーライブも行っています。六角さんにとってのペーソスの魅力とは？

ペーソス 島本慶×六角精児

ペーソスは血糖値 六角精児バンドは尿酸値

六角精児（以下、六角） ペーソスは何年になるんですか。

島本慶（以下、島本） じゅーう……ろく年。

六角　ほう。

島本　六角さんはもっと前から？

六角　僕ですか？　……20年強ですか。

だけど（六角精児バンドの活動は）芝居の合い間にやってるんで、ペーソスさんみたいに年間１００本とかそんな感じではなくて。年間３本とか（笑）そんなペースでずっとやって来たので、まったく上達せずに来てる感じですけど、でもまあ20年以上。島本さんは50歳の時にペーソスを始められたんですよね。

島本　六角さんは？

六角　僕は33からです。

島本　六角さんと僕はたまたま誕生日が同じ6月24日（島本１９５２年、六角１９６２年生まれ）で、ここ数年はその日にライブをご一緒していて今年も演ることになってますけど。でもその前から僕は六角さんのことは下北のあちこちでお見かけしていたし、どこ行ってもみんな六角さんのことは知ってるんだよね。それで、言われるわけよ。あんたたち（ペーソス）は血糖値だけど、六角さんは尿酸値のこと歌ってるよー、なーんて。

六角　年１回一緒に演るようになって5年くらいですか。でも一緒に飲んだことはなかったですね。

島本　そう、ここ（ラ・カーニャ）でよくお会いしていて、同じカウンターでそれぞれ飲んでいたりするけれど、一緒に飲んだことは（なかった）。

六角　そうですね。お会いするところは、ここかな。

僕は島本さんのことはだいぶ前から存じ上げていました。新聞のエロページとかでライターさん（なめだるま親方）として。それから西原理恵子さんや銀玉親方（山崎一夫氏）の本でですね。だからどういう方なのかというのはなんとなく知っていたんですけど、歌を歌われているのは後から知りました。

ペーソスは『生で甘えたい』というCDを持っていたんですよ。おそらくタワーレコードあたりの店頭で手に取ったんじゃないですかね。

最初にペーソスのことをいいなと思ったのは、銀玉親方の本に「ああ連帯保証人」の歌詞が書いてあって、それを読んでからですね。ああ、これはいい歌詞だな、素晴らしいと思って。借金をしている人と連帯保証人がそれまでいた場所から離れた島で出会うっていう歌なんですけど、僕もある公営ギャンブル場でお金を貸した人と負債者が出くわした現場を目撃したことがあるんですよ。

「あ、てめぇ!」「あ。スイマセン!!」って。でもそのお金を貸した人はどうしても次のレースが買いたいらしくて、「てめぇふざけんじゃねえ、でも今は大切な時だから」「いいからそこで待ってろこの野郎!」って、そこで舟券買いに行って。その間に借りた人はいなくなるんですけど、そりゃそうだよな、と思いながら、周りにいる人間みんなが半笑いで見てた、ということがあったんです。まさに「ああ連帯保証人」の世界。やっぱりいい詞だな、と。

島本 あれはほんとにあった話だから。逃げられてるんだよ俺。

六角 職業柄ってことじゃないんでしょうけど、そういうことがいろいろとこう、あるのがね。連帯保証人になるって経験をする人、僕の周りにはいないですし。絶対書けないですね、あれは。

50を過ぎると歌詞は湯水のように湧いてくる?

六角 島本さんが「ペーソスの歌詞はすぐ書ける」って言われてたのが、すごくうらやましいんですよ。どんどん湧いてくるんでしょ? 歌詞が。

ごはん食べに行ってね、ひと言もしゃべらないで食べ終わって帰る、あーあれ夫婦、ってすぐわかる

――島本慶

島本 そう、50過ぎたら、もうねー、どうでもよくなってきて(笑)。日常生活全般を題材にできるようになったら、それこそ湯水が湧き出るように詩を書けるようになったんです。

六角 うらやましいなあーそれ。何かにこだわりがあると詩って書けないもんですよね。でもこだわりなくなると詩って書けるのか。

島本 そうそうそう、こだわりがなくなると、もう、構えなくなるの。だから書けるんでしょうね。それで毎月作ってたんだけど、メンバーの中に「量より質」って言う人が出てきて(笑)。毎月作んなくていい、って言われちゃったんで、もう1年くらい作ってないんですよ。

六角 ペーソスさんの歌には、それぞれに心に響く歌詞がね、あるなと思うんですよ。最近のやつで素晴らしいな、って思ったのは、「アナタが作ったプラモデル　完成したらアタシ捨てます」って。あれは素晴らしいですねー。「顔を見たらケンカ」。「夫婦冷やっけぇ」か。

島本 そのフレーズはねー、米内山くんが考えた。僕はプラモデル作ったことないから。

ペーソス 島本慶×六角精児

六角　あれはねー、いいなーと。女性の気持ちがわかりますよね。腹が立ってるんでしょうねー。一緒にいても何もしゃべらないでさ、好き勝手なことして。

島本　会話がない夫婦って、面白いよね。ごはん食べに行ってね、ひと言もしゃべらないで食べ終わって帰る、あーあれ夫婦、ってすぐわかる。

六角　（笑）。

島本　夫婦って、やっぱり面白いんだよ。うちなんか朝起きてから夜寝るまで、ずーっと怒ってるからね。ずーっと怒られっぱなしで小言聞かされて（笑）。やっと寝たな、と思ったらいびき聞かされて（笑）。

六角　島本さんの奥さん、なんかわりとこう、強気な感じですよね（笑）。

島本　いや、まあ。でもなよなよしてるよりは（いい）。

人の心を軟化させる？ ペーソスの「本気」

島本　ただ、ペーソスを始めた頃、普段仕事でつき合っている出版社とかの人たちからは遊びでやってると思われがちだったんだよね。いい気になってる、って感じでけっこう見られてたと思う。でもね、ペーソスはね、ずっと本気だったんだよ。

六角　それはねー、感じられるんですよ。仕事をやりながら年間100ステージ演るって、大変ですよ。本気じゃないとできない。俺は役者、舞台の合間を縫ってライブをやってるわけだけど、やっぱりまだ無理だなー。いや、ペーソスさんはすごいなーと思いますね。（人生の）先輩バンドとしてリスペクトしてる、っていうのとはちょっと違うけど。どこまでも力の抜けた先輩の方々の音があるっていうのは、なんかほっとしますよね。

全然気張らずにやってて、それですこーしずつスキルも向上してくるっていう、だからなんか、僕らもそんなに焦ることはないんだな、っていう気持ちに見ていてなれる。ただ、続けるってことは大切なんだなーって、見ているとそれもつくづく感じます。

最初に一緒に演った時、ペーソスの歌を聴いたうちのギタリストがどうでもよくなったみたいな感じで、なんかベロベロに酔っぱらって。無茶苦茶な演奏をしたんだよね。で、ちゃんとやれよ、ってなってたんだけど。

俺なんかはペースを乱されないんだけど、ペースを乱されて、っていうか、なんか人としてすごく気持ちよくさせられちゃったみたいで。生活のさまざまなことをマイペースにお歌いになるこのバンドにあてられてベロベロに酔っぱらっているギタリストが横ですごい荒いギターをかき鳴らしているのを見た時、これはだめだなと思いましたね。ノリが違うんですよ、どっちかというと我々

はフォークだから。ペーソスさんはどちらかというと無国籍……。

島本　昔の歌謡曲だよ。歌謡曲で育ったから、なんでもありなんですよね。

六角　昔の歌謡曲は俺も大好きだけど。

島本　なんで廃れてしまったのかなー。一番いい時期だったような気がするんですよ。

六角　70年代まで？

島本　いや、子供の頃はねー、ポール・アンカとかね、ニール・セダカだったんですよ。

六角　子供の頃？　ああ、そういう環境だったんですか。世の中的に？

島本　世の中。ビートルズの前。言葉はわからないけど、端々は理解できたし。10代はシャルル・アズナヴールが好きでしたね、何言ってるか全然わかんないんだけど。なんだっていいんですよ、男なんて。言い方の問題だから。どんな風に言うかで伝わるんですよね。

六角　僕はフォークでしたね。フォーク大好きで。高田渡さんとか交流ありましたし。高校時代、まだぐゎらん堂があって渡さんも出てて、この人の歌はとにかくなんかよかったんです。自分でバンドを始める前、何回か会場借りて渡さんの公演を主催したりしてましたよ。

島本　ちゃんとやりたいことがあって、歌いたい歌があるっていうのがとにかく大事なことですよね。テレビですごく歌のうまい人、キーがしっかりしてる人を得点制で見せるような歌番組があって、みんな感動してる風だけど。あんなのよくやってるなと思うよ。歌はヘタでもいいんだよ。ちゃんと気持ちさえあればねえ。

六角　それこそ渡さんの歌を高校時代から聴いていて、何がいいのかうまく説明はできなくても、すごく素敵じゃないですか。味わい深いし、すごく歌いたいことをこだわりを持って歌ってるし。（そういう意味で）ほとんど基礎もないような、最初の頃のペーソスさんの音楽も僕は好きだったんですけど。

　今のペーソスさんはギターの米内山さんが音楽の根幹を担っていて、すごくしっかりしていて。近藤哲平さんが入って、音楽的にも非常に色が出てきて、その濃淡もはっきりつけられるようになってますよね。何がプラスされたからいいっていうんじゃなくて、ペーソスを聴いてきた自分としてもなんかこう、欲が出てきたというか、（ペーソスの）いろんな音楽をもっと聴きたいな、っていう感じが最近はすごくしてます。

歌だけじゃなかった メンバーのマイペースに（驚）

島本　でも近藤くんは……不思議なんだよね。どうして

ペーソス 島本慶×六角精児

我々に興味を持ったのか、っていうのが（笑）。不思議といえば、彼は「僕はその日予定があるんで行けないです」って来ない予定の時も、ふっと見ると客として来てたりすることがあるんだよ。「いや、聴いてみたくなって」「遅れてきました」って。で、最後に1～2曲一緒に演ったりして。

六角　何それ。ヘンでしょ。

島本　あと、ペーソスは国立演芸場に年に1回出るんですけど、パッと（客席）見たら末井さんがお客さんとして座ってるんだよ。

六角　不思議だよね、そりゃ。普通ないわ、そんなの。大人だとかじゃなくて、変わってるんだよみんな。

島本　（笑）。

六角　歳とって、とかじゃないでしょ、それ。普通に話したりしているぶんには気づかないけど、（ペーソスは）やっぱりちょっと変わった人たちが集まってるのかもしれない。だからそのなんだかわからないニュアンスみたいなものが、詩だとか音楽だけじゃなくて、そこかしこに滲み出てるんじゃないですか、変わり者たちの風情が。で、武道館に出たりして。不思議だよなー。ほんと、唯一無二ですね。

最近のペーソスはちょっと違う以前から聴いている自分としては欲が出てきちゃいますよね
——六角精児

　でも僕はね、基本的にバンドっていうのはどれもこれも唯一無二だと思ってるんですよ。自分が歌いたいことがあって、だから音楽やってるわけだから。そうじゃないとおかしいと思うけど。ただ、その中でもペーソスはジャンルとして非常に不思議な域に達してきてますよね。

　やっぱり構えないのがいいんでしょうね。

　僕らが普段やっている舞台っていうのはどうしても集団で作るものだから、構えずにはおれないんですよ、作るという行為自体に。照明がいて、相手役がいて。いろいろなところからいろんな人が信号を出してくる、アプローチしてくるわけじゃないですか。そういう中でやっていると（ペーソスの世界は）すごく気になるというか。最初はこちらが構えてこれから何が始まるのかとか思っちゃったんだけど、聴いてみたら、歌ってる詩はおやじが出てくる伸びない感じのというか（笑）、何をこうしたいとかいうことじゃないじゃないですか。

　でももう一方で、たとえば「クリスマスの夜」みたいな曲……。いいなー、って。沁みるんだよなーって思いな

がら（聴いてる）。だから、結局、やっぱりファンなんですよ。自分のウォークマンの中にペーソスのアルバムいっぱい入ってるんだもん。

島本　（大笑）。

六角　この間も八幡浜から臼杵に行くフェリーの中で、の〜んびりペーソス聴いてたんだけど、けっこう気持ちよかったんだよなー。『夫婦冷やっけぇ』というアルバムは、ある意味けっこう洗練されたものになってますよね。洗練ていう言い方は違うな、完成されてますね。あの居候の曲（「チャチャチャ居候」）とか。「私の生活スタイル居候」、ってさ。あれはいいですよー（笑）。

島本　人間てみんなかわいいからさ。コソコソしたりさー。そういう人大好きなの俺、なんか。そういう歌、もっと作りたいな。でも、若い人が聴いてどうなんでしょうねえ。若い人は「そんなの聴きたくない！」っていう人多いんじゃない？

六角　ああー……わからないけど、若い人には向上心があるからなー。

島本　そうだねー。

ペーソスが若い世代に受け入れられる世の中とは

六角　向上心、っていう言葉を言い換えると、だめな人間を愛する余裕なんてない、ということで。それはまあ、若い人には仕方ないのかもしれないけど。だめなところを愛する、とかっていうのは。

島本　「バカとつき合うな」とか。よく言われてたじゃない、この頃。

六角　読んでないけど。

島本　「バカとつき合うな」って、みんなバカばっかりだからさ。何がつき合うなだ、バカは自分だろ、みたいな気がするんだよ。

六角　ああいう言葉がまかり通るっていうのがね、逆に俺は信じられないけど。（そういう言葉が流行るということは）無駄なことはやりたくないんだよ、みんな。ただ、無駄の大切さを知らないと、（ペーソスの歌に）シンパシーは感じないかもしれないね。

　俺なんかは役者だから無駄なことがすごく力になっているんですよ。一日中、通りで前を通る人を見てあの人どうしてあんな感じなんだろうなーって面白い人がいたらちょっとついていったりさ、そういうことをやってきて。20年間、僕はほとんど無駄だったんですよ。何もしてなくて。ただ、そういう時間が今はすごく無駄じゃなくなってるよね。だから後輩とか、息子くらいの歳の人もいるんで、そういう若い人にたまに何か言うとしたら、無茶をしろ、あと、遠回りをしろ、ってことだったりするん

スペシャル対談Ⅰ

ペーソス 島本慶×六角精児

森山良子さん、由紀さおりさんの熱望で復活、島本も大絶賛の「鼻・のど甜茶飴」を舐めてみる六角氏。

だけど。でも、うーん、あんまり理解してもらえないのかもしれない。やっぱりみんな、早く人に認められたいだろうから。実際、俺もそうだったもん。

　だから若い人にはもしかしたら難しいかもしれないなーペーソスの曲っていうのは。

島本　若い人は……女性かな。女性のほうが（精神的に）大人だから、意外とわかってくれたりする人もいる。

六角　ただなんか、若い人でもこういうのが好きな人たちが増える世の中になったらうれしいですよね。

profile

六角精児（ろっかくせいじ）

1962年6月24日生まれ。兵庫県高砂市出身。俳優。高校時代の演劇部入部を機に演技の道へ。1982年より劇団扉座（当初の名称は善人会議）創立メンバーとして主な公演に参加。ドラマ『相棒』シリーズ、『電車男』などで注目を集め、2009年には映画『相棒シリーズ 鑑識・米沢守の事件簿』で主演を果たす。多くのドラマ、映画のほか鉄道ファンとしての顔を生かしバラエティ番組やCMにも登場。1996年結成の六角精児バンドでライブ活動も行う。特技はギター。

ヒストリー

ここではペーソスのメンバーがこの世に登場してから現在に至るまでの日本、世界の社会の出来事を駆け足紹介。ペーソス前夜～黎明期、CDデビュー～過渡期～発展期（いまココ？）と、ペーソスに関する情報も合わせてチェック！

ペーソス

写真:金子山
「ペーソス新聞」より

1948-1959

（昭和23）　（昭和34）

西暦（年号）	社会の出来事	ペーソスにまつわる出来事
1948（昭和23）	ベルリン封鎖、移行東西冷戦深刻化 帝銀事件起こる 太宰治玉川上水で入水自殺 東京・浅草の常磐座の人気踊り子ヘレル滝のショーを演出する正邦乙彦が自分のショーに「ストリップショー」と命名 極東軍事裁判、A級戦犯25人に有罪判決。12月23日に東条英機ら7人に絞首刑が執行される	末井昭（以下、末井）、6月14日岡山県和気郡吉永町大字都留岐に生まれる
1949（昭和24）	中華人民共和国成立 法隆寺金堂壁画が失火により焼損 国鉄三大ミステリー事件（下山事件、三鷹事件、松川事件）が起こる 湯川秀樹日本人初のノーベル物理学賞を受賞 ヒロポン中毒者が続出ヒロポンの値段は3倍錠剤（普通のモノよりもきついもの）10錠200円、注射液は10管400円。当時公務員の初任給が2千300円	
1950（昭和25）	朝鮮戦争勃発 鹿苑寺金閣が放火により焼失 ジェーン台風襲来で、近畿四国に大被害発生 雑誌「群像」に大岡昇平の小説「武蔵野夫人」の連載が始まり注目を集める。翌年溝口健二監督で映画化	
1951（昭和26）	NHK紅白歌合戦放送開始（ラジオ放送） マリアナ諸島アナタハンで終戦を知らずにいた「アナタハン島の女王」らが帰国し、一人の女を取り合って32人の男たちが殺し合いになっていた事件が発覚 「内外タイムズ」主催の「ストリップ本年度ベスト10」のトップ3は1位ジプシー・ローズ、2位吾妻京子、3位奈良あけみ、当時のストリッパーの月の稼ぎは総理大臣の給料12万円よりも多い、15万円	
1952（昭和27）	サンフランシスコ平和条約発効により日本の主権が回復 NHKラジオドラマ「君の名は」が大ヒット 「ワイロ、わい本、予備隊」の3Y時代という言葉が流行	島本慶（以下、島本）、6月24日山口県岩国市に生まれる 末井、母が結核を発症し、遠い町に入院したため、会いに行こうと家出するも、山道を下る途中で連れ戻される
1953（昭和28）	朝鮮戦争、板門店にて休戦協定成立 NHKが日本初のテレビ本放送を開始 日本テレビ放送網が日本初の民間放送局として放送を開始 スターリン死去。フルシチョフが新たな指導者に。米ソ関係一時改善（雪どけ） アメリカ占領下にあった奄美群島が返還される ストリップの日劇ミュージックホールが芸術祭参加を申請するも〝おスペ〟（スペシャルサービス）が登場たちまち全国へ	末井、母代わりだった祖母が他界し、一時的に親戚宅へ預けられる

戦後の混乱期から脱しつつあった日本に活字・ビジュアルを駆使した表現メディアを牽引することになる2人が誕生！

1954(昭和29)	朝鮮特需を契機に神武景気が始まる(〜1957年) 日本テレビが敷設した街頭テレビが成功し、テレビ時代が到来 春日八郎の「お富さん」が発売年内に50万枚を突破、戦後最大のヒットとなる 東京・日比谷の映画館で「ローマの休日」が公開され空前のヒット	島本、父の転勤で三重県宇治山田市へ転居 末井、吉永町立三国西小学校に一年早く通うようになる。医師に見放された母が帰宅。近所の男たちが母親の富子を冷やかして歌っていた春日八郎「お富さん」を覚える
1955(昭和30)	富山県の神通川流域でイタイイタイ病が発生 東芝が炊飯器を発売し、家電時代が始まる コンドームのJIS企画が規定される全長17㎝以上、製品の2点間の距離10㎝を50㎝に伸ばして5分たっても異常ないもの 一橋大学の学生、石原慎太郎(22)が「文学界」(7月号)に「太陽の季節」を発表。翌年に芥川賞受賞	島本、肥溜めに落ちて姉に見捨てられ、死にかけるも自力脱出 末井、小学校に正式入学。母が家出の末、隣家の男とダイナマイト心中して炸裂死する
1956(昭和31)	熊本県の水俣湾岸で水俣病が発生 日ソ共同宣言発効により、ソビエト連邦と国交正常化 東京ではアベック喫茶、ロマン喫茶、ロウソク喫茶など深夜喫茶が大阪ではお好み焼き屋が中高年の性非行の巣として問題化 東京・湯島に鉄筋5階建ての連れ込み旅館「かりがね荘」が開業。ラブホテルの近代化が始まる	島本、肥溜め転落のせいか、口から回虫を吐くも無事
1957(昭和32)	ソ連、世界で初めて人工衛星スプートニク1号の打ち上げに成功 東京の人口がロンドンを抜いて世界一になる 売春防止法が施行される 雑誌「群像」に三島由紀夫の「美徳のよろめき」が掲載され〝よろめき〟という言葉が流行 新東宝「明治天皇と日露戦争」が公開され大ヒット、明治天皇を実名で初めて登場させた最初の映画、主演は嵐寛寿郎 「週刊東京」が〝グラマーという魅力〟という特集を掲載、以来グラマーが肉体的魅力という意味に	末井、生梅を食べて疫痢になり、死にかける
1958(昭和33)	アメリカ、ソ連の宇宙開発に対抗するためNASAを設立 東京タワー完成 神武景気によって増大した中産層の消費ブームにより、岩戸景気が始まる(〜1961年) 新宿の三越裏のゲイバー「蘭屋」が移転した2丁目がゲイバーの街に	末井、同級生のイジメに合い、絵を描くのが好きな内向的性質になる
1959(昭和34)	皇太子殿下(上皇陛下)のご成婚中継放送でテレビが一気に普及 伊勢湾台風襲来で、愛知県三重県に大被害発生 猛烈なスピードでオートバイを飛ばす青少年をカミナリ族と呼ぶ	島本、父の転勤で大阪市へ転居し、市立菅北小学校入学。悪戯描きで担任の美人教諭にお仕置きされ、マゾを自覚。

1960-1969

（昭和35）　（昭和44）

西暦（年号）	社会の出来事	ペーソスにまつわる出来事
1960（昭和35）	アフリカ各国が次々に独立し「アフリカの年」と言われる 自民党内閣の日米安保条約改定に際して激しい反対（安保闘争）発生 タカラの玩具「ダッコちゃん」大ヒット 京都・広隆寺の弥勒菩薩像を拝観しいた大学生が右手の薬指を折る事件が発生 国内のコンドームの生産量は3億1000万個突破 東京地裁にて2年余に及んで論争となっていた絞首刑違憲論に対して合憲と判決が出る	末井、村の公民館で三橋美智也「古城」を歌い、村人から褒められる
1961（昭和36）	ソ連、ベルリンの壁を建造 NHK朝の連続テレビ小説、日本テレビ「シャボン玉ホリデー」など、大人気番組が放送開始 元外相の有田八郎が三島由紀夫の小説「宴のあと」（新潮社）で前夫人との私生活を露骨に書かれたとして著者と出版元を訴える本邦初となるプライバシー侵害訴訟がおこる 「40年間お待たせしました」のキャッチコピーとともに「アンネなぷきん」が発売	末井、吉永町立三国中学校入学
1962（昭和37）	キューバ危機。米ソ関係一転して緊張へ ザ・ビートルズがデビュー 東京オリンピック招致に成功したことで建設ラッシュとなり、オリンピック景気が始まる（～1964年） 国産ピンク映画第1号「肉体市場」（小林悟監督）が公開されるトイレでの強姦シーンやレズによるリンチなど迫力あるシーンの連続で、公開直後に警視庁からカットを命じられる	末井、通信販売でギターを買い「禁じられた遊び」をマスターする
1963（昭和38）	公民権運動の指導者キング牧師、ワシントンで演説。「I have a dream」 11月22日　ケネディ大統領暗殺により死去 共稼ぎ夫婦が多くなり、核家族化も進む 日本テレビ系のドラマ「男嫌い」の放送開始。そのセリフから「かわい子ちゃん」という言葉が流行。最初は男の子を指していたが、次第に女の子に吉行淳之介「砂の上の植物群」、大江健三郎「性的人間」、野坂昭如「エロ事師たち」、河野多恵子「蟹」など性をテーマにした純文学が多数発表される	
1964（昭和39）	アメリカで公民権法成立 アジア初のオリンピック、パラリンピックが東京で開催される	末井、岡山県立備前高校機械科入学

東京オリンピックが開催され
ビートルズがやって来た
経済大国に神童スマイリー井原が生を受ける

1965（昭和40）	証券不況から一転、金融政策や補正予算により、いざなぎ景気が始まる（～1970年） 家電の普及率で、洗濯機が70％冷蔵庫が50％を超える 団地で老いた親と同居して気をつかいながらSEXするために夫がインポや早漏になる2DKインポや2DK早漏という言葉広がる 戦後最大のエロ写真密造グループが警視庁と大阪府警に検挙される。一味は豊中市を拠点に写真班、印刷班、製本班、郵送班にそれぞれ分かれ、全国の観光地や温泉地で販売、写真4万8000枚、印刷物4600冊、ブルーフイルム数十巻が押収	島本、大阪市立扇町中学入学 スマイリー井原（以下、スマイリー）4月21日埼玉県浦和市に生まれる
1966（昭和41）	ザ・ビートルズ来日 日本テレビ「笑点」放送開始 東京・永田町の首相官邸裏に約20の個室を持つトルコ風呂（ソープランド）の建築許可申請が出され、千代田区が許可したことに激怒した、当時の佐藤栄作首相が建設中止に 東京・新宿に2軒の「ゴーゴー喫茶」がオープン。この年から流行がはじまる	スマイリー、生後10カ月ほどで流暢に喋り始め、両親祖父母を驚かす
1967（昭和42）	ツイギー来日でミニスカート大流行 GSブーム起こる。 一世を風靡したストリッパージプシーローズこと本名志水敏子がアル中のため山口県防府市で死亡享年32歳 日本最初のラジオの深夜放送「オールナイトニッポン」が放送開始 タカラから「リカちゃん人形」が発売。販売価格は600円この年だけで48万体売れる	末井、大阪の工場へ就職するも2カ月で逃げ出し、父の出稼ぎ先の川崎市へ転出。三菱重工に採用され、トラックの出荷前検品を担当
1968（昭和43）	日本の国民総生産が世界第二位になる 多額の使途不明金が発覚して日大紛争が起こり、学生運動が激化 東映が成人向けビデオの第1号「淫乱事情」（カラー8ミリ）を発売 東京・吉原のトルコ風呂（ソープランド）がベッドマナーと名付けた本番サービスを開始、客が行列を作る人気に	島本、父の転勤で名古屋へ転居。3学期の転校で、大阪、名古屋、どちらの中学からも同窓会に呼ばれなくなる。名古屋市立工芸高校デザイン科入学 末井、青山デザイン専門学校グラフィックデザイン科に入学するも学生運動の余波によるロックアウトで授業が受けられず。作画社に入って看板デザインを始める
1969（昭和44）	アポロ11号が人類初の月面着陸に成功 東京・新宿駅西口にフォークゲリラが現れる TBSテレビでドリフターズの「8時だよ全員集合」の放送が」始まる翌年には視聴率40％を突破する人気に 奈良林祥の「HOW TO SEX」（KKベストセラーズ）が出版。1980年には改訂版も刊行、新版合わせて248万部のベルトセラーに	スマイリー、麻疹の高熱にうなされながら光明真言を唱えていることを母が発見し、将来出家するのではないかと不安視される

1970-1979

（昭和45）　（昭和54）

西暦（年号）	社会の出来事	ペーソスにまつわる出来事
1970（昭和45）	よど号ハイジャック事件が起こる アジア初の万国博覧会が大阪で開催される 三島由紀夫割腹自殺 登録商標の申請に食品メーカーの「ペロペロ」「クライマックス」、衛生用品メーカーでは「アレ」「アテマン」医薬品メーカー「アスコ」など性を連想させるネーミングが氾濫 谷岡ヤスジのマンガから「鼻血ブー」という言葉が流行。刺激を受けて興奮しているという意味で用いた 「anan」（平凡出版）創刊。続いて「non-no」（集英社）が創刊され、両誌を持って誌面と同じファッションで観光地を巡る女性たちが「アンノン族」と呼ばれる	末井、キャバレー「クインビー」宣伝課入社。新聞広告やチラシのデザインを手掛ける。夜はショータイムの照明を手伝い、「東京ドドンパ娘」の渡辺マリや「ミッチー音頭」の青山ミチにピンスポを当てる
1971（昭和46）	銀座にマクドナルド日本第一号店が開店 団塊の世代が子供をもうけ始め、第二次ベビーブームとなる（〜1974年） 本邦初のスワッピング情報誌「全国交際新聞」後に「ホームトーク」が創刊 阿部定事件をモデルにした大島渚監督の「愛のコリーダ」が公開されるも、公開に際して修正カットが命じられる	島本、古都暮らしに憧れて京都の工芸会社に就職するも、東京支社勤務を命じられて、やむなく上京 末井、池袋のピンサロ看板を手掛けて売れっ子になり、ロマンス通り界隈のほぼすべての店の看板を引き受けるようになる
1972（昭和47）	アメリカ占領下にあった沖縄が返還される 田中角栄首相、中国の毛沢東と会談、日中共同声明発表。日中国交正常化。パンダが中国から贈られ、上野動物園で公開される 札幌で冬季オリンピックが開催される グアム島に潜伏していた元日本兵・横井正一さんが帰還 日活ロマンポルノ「一条さゆり・濡れた欲情」（神代辰巳監督）が大ヒット。主演の伊佐山ひろ子がキネマ旬報女優賞を受賞 松尾書房からビニ本第1号「下着と少女」第1集が刊行。定価は800円。1974年までに10万部が売れる	島本、会社を辞めて陶芸の道に入る 末井、クインビー時代の同僚カメラマンに誘われてエロ本業界に入る スマイリー、浦和市立仲町小学校入学
1973（昭和48）	第四次中東戦争により第一次石油危機が勃発して、日本の高度成長期が終わる。為替制度、変動相場制に移行 嬰児をコインロッカーに遺棄する事件が全国で頻発 大阪のストリップで初の本番ショーが行われ約300人が鑑賞 五月みどりが渋谷にラブホテル「ホテル・ニッポン」をオープン ストリッパーのバーロ・ブレンダが初めて客を舞台に上がらせ、天狗の面の鼻を挿入させる「天狗ショー」を披露する	島本、百貨店催事で陶芸作品の展示即売をして、隣に店を構えていた写真家の荒木経惟氏と知り合う

沖縄が返還され、たいやきくんが泳ぎまくる そんな時代に陶芸家・島本慶と 写真家・荒木経惟が劇的に出会う！

1974（昭和49）	フィリピンのルバング島より元日本兵・小野田寛郎さんが帰還 東アジア反日武装戦線による連続企業爆破事件が起こる アメリカ映画「エクソシスト」が公開され空前の大ヒット興行収入は30億円を超える	島本、ミニコミ誌「感電キング」を創刊。政治思想系隆盛の折に徹底してエンタメ路線を追求した編集方針により大好評を博しバカ売れする
1975（昭和50）	沖縄国際海洋博覧会が開催される。ベトナム戦争終結 日本赤軍がマレーシアの首都クアラルンプールでアメリカ総領事らを人質に取り、服役・拘置中の左翼活動家の釈放を要求 卑猥な性犯罪事件を中心にした深夜のニュースワイド番組日本テレビ系「ウイークエンダー」が放送を開始、俗悪番組とされる 東京で同人誌即売会、第一回コミックマーケット（通称コミケ）が開催。参加サークス32、動員数は700人だった	末井、雑誌「ニューセルフ」を創刊し、編集者となる 近藤哲平（以下、近藤）、12月22日東京都世田谷区に生まれる。幼少期は、引っ越しが多く、詳細を覚えていない
1976（昭和51）	ロッキード事件が発覚 「およげ！たいやきくん」大ヒット 日本初の５つ子が鹿児島市立病院で誕生。男児2人、女児3人 スイスで精子発見３００年祭が行われる。精子は1976年、ハムという医学生によって発見されその業績をたたえたもの 全国雑誌自動販売協議会（自販機売りポルノ雑誌の協会）設立 村上龍がセックスとドラッグと暴力にまみれた青春を描いた「限りなく透明に近いブルー」で芥川賞を受賞	島本、末井と出会い、ライター稼業を始める スマイリー、国語教科書の朗読を担任教諭に絶賛され、学芸会でソロ公演
1977（昭和52）	王貞治選手世界新記録の756本塁打達成 日本人の平均寿命が男女ともに世界一位となる 北海道新聞のコラムに窓際族の語源となる「窓ギワおじさん」の新語が登場 ロックンロールの王様エルビス・プレスリーが薬物の乱用により死去。42歳厄年だった	末井、雑誌『ウイークエンドスーパー』『小説マガジン』創刊
1978（昭和53）	『スター・ウォーズエピソード4』日本公開 成田空港開港 イラン革命により、第二次石油危機が発生 東京・原宿にあるブティック「竹の子」が開店。この店の売られるハーレムスーツを着て踊る若者が翌年から竹の子族と呼ばれる 大阪の電話帳に「アダルトショップ」という項目ができる	末井、雑誌『映画少年』を創刊するもすぐ廃刊 スマイリー、浦和市立常盤中学入学。ニューミュージックブームに乗り、ギターを始める
1979（昭和54）	インベーダーゲームが大流行 ソニーがウォークマンを発売 電通が50～60代を中心とする中高年層を「熟年」と名付ける	島本、海外へ買春取材に行った折に病気を恐れて大量摂取した粗悪な抗生物質が原因で、帰国後に劇症肝炎を発症。末井ら友人たちはもうダメだろうと思っていたが、入院先に画期的な治療法を開発した名医がいて、死の淵から生還

1980-1989
（昭和55）　（昭和64／平成元）

西暦（年号）	社会の出来事	ペーソスにまつわる出来事
1980（昭和55）	ポール・マッカートニーが大麻所持により成田空港で逮捕される ジョン・レノンが銃撃されて死去。 東京・銀座の昭和通りで、現金1億円入りの風呂敷包みをトラックの運転手が拾得。落とし主が現れず11月9日に時効拾得者のものとなる	スマイリー、サイモン&ガーファンクルにハマり、同級生とのデュオで文化祭出演
1981（昭和56）	日本人男性Sがパリでオランダ人女性を殺して食べる事件が起こる 漫才ブーム最高潮 オカマ美女松原留美子がマスコミに登場しニューハーフタレントブームが起こる 東京に初の個室マッサージ店と性感マッサージ店がオープン 武智鉄二監督のハードコアポルノ「白昼夢」が愛染恭子主演で公開され大ヒット	島本、末井とノーパン喫茶を徹底取材し、6月に初の著書『NO！パン革命』(恵文社)上梓 末井、7月に雑誌「写真時代」創刊。上杉清文、南伸坊らと「総合商社HAND-JO」を結成し、水戸黄門パフォーマンスなどに取り組む スマイリー、浦和市立高校に入学し、フォークソング同好会に所属 米内山尚人(以下、米内山)、東京都杉並区に生まれる
1982（昭和57）	東京・赤坂のホテルニュージャパンで火災が発生し、33人死亡の大参事となる 小泉今日子、シブがき隊などが相次いでデビューし、アイドルブームとなる SM小説の最高傑作と評される「家畜人ヤプー」(沼正三)の作者が現職の東京高裁判事で交通事故の損害賠償問題の権威と判明	末井、テナーサックスを買い、上杉清文、南伸坊、滝本淳助らとフリージャズバンド・HAND-JOオールスターズを結成渋谷・ラママでデビュー後、兵庫県立近代美術館、女子美学園祭など色々なところで演奏。11月に初の著書『素敵なダイナマイトスキャンダル』(北宋社)上梓 近藤、新座市立陣屋小学校入学
1983（昭和58）	任天堂ファミリーコンピュータが発売され、大ヒット 愛人バンク「夕暮れ族」が女性社長のマスコミ露出で話題となるも、売春あっせん容疑で逮捕されて廃業 「だって、どうせ、でも」と言う言葉を連発するOLを「3D族」と呼ばれた 東京地裁はロッキード事件の田中角栄元首相に懲役4年、追徴金5億円の実刑判決を下した	島本、末井、R&Bグループ「SKIP BAND」を結成。メンバーはどんどん増え、多いときで13人いた 末井、雑誌『写真時代21』を創刊するも4号で廃刊 近藤、親が一戸建てを購入したため埼玉県東松山市へ転居し、市立桜山小学校に転入。以降、19歳まで引っ越しすることなく定住する
1984（昭和59）	オーストラリアから多摩動物公園などにコアラが贈られる 風営法が大幅改正され、性風俗の規制が強化される 大人のおもちゃ産業が100億円産業に成長 東京・渋谷のストリップの道頓堀劇場が都内初の本番廃止宣言、オナニーショーやSMショーが脚光を浴びる	スマイリー、大学受験に失敗し高田馬場の予備校「一ツ橋学院」入学。高田馬場が職場の島本、末井とニアミスするも出会わず

新風営法が改定され
新しい風が吹き荒れたおとなの時代に
島本と末井はノーパンに狂騒し出版界進出

1985（昭和60）	ソ連でペレストロイカ始まる 日本電信電話公社、日本専売公社が民営化、NTT、JTとなる 羽田発伊丹行のJAL123便が群馬県の御巣鷹山尾根に墜落 厚生省のエイズ調査検討委員会が男性性愛者（36）を国内のエイズ患者第1号に認定 新風営法が施行されノーパン喫茶が完全に姿を消しラブホテルは食堂やロビーを広げればラブホテルとは見なされないことになる	末井、角川文庫『東京爆発小僧』上梓 スマイリー、慶応義塾大学文学部入学。モダンジャズ研究会に入るも、ノリが合わず半年で行かなくなる 近藤、アニメ『プロゴルファー猿』に憧れ、公園の木を切り倒しクラブ製作に取り組んで、刃物で大怪我を負う
1986（昭和61）	株や不動産への投資による実体を伴わないバブル景気が始まる（〜1991年） ビートたけしが某誌の記事に抗議して編集部へ討ち入りを挙行 スイスのジュネーブで「世界レズビアン会議」が開催日本の他世界30か国以上のレズが参加 顔面射精をうたったAVの第1号「極め付き顔面発射・狂った樹液」が発売、以後は顔謝が大流行 チェルノブイリ原子力発電所事故発生	末井、角川文庫『東京デカメロン』上梓 米内山、公園の滑り台頂上から転落して頭を打ち、少し変な子になる
1987（昭和62）	国鉄が分割民営化され、JRが発足 バブル景気が拡大し、不動産投資を狙った強引な地上げが横行 AV男優の需要が急増し男優だけの事務所が登場 イタリア総選挙で新左翼政党の急進党からポルノ女優チチョリーナ（37）が当選 国民の2人に1人が家庭用ビデオデッキを持つまでに普及しAVの時代が到来する	末井、少女オカルト誌『MABO』を創刊するも3号で廃刊。一気に大金持ちになろうと思い、先物取引に手を出すも、多額の損失を出し魂が抜けかける 近藤、初恋の娘がTMネットワークのファンだと聞きつけ、カセットテープを購入するも、まるでハマらず 米内山、杉並区立荻窪小学校入学。不燃ごみのガラス片をあさっているうちに首に刺さり大量出血。偶然通りがかった姉に助けられて九死に一生を得る
1988（昭和63）	青函トンネル、瀬戸大橋、開通 女子高生コンクリート詰め殺人事件が東京で発生 マガジンハウス発刊の「平凡パンチ」廃刊	末井昭、3月に『写真時代』が度重なる警察指導で休刊を余儀なくされる。11月に『パチンコ必勝ガイド』創刊 近藤、東松山市立白山中学入学
1989（昭和64／平成元）	昭和天皇崩御により、平成に改元 天安門事件 ベルリンの壁崩壊により、欧州共産圏の瓦解が始まる マルタ会談。冷戦終結 消費税3％が導入される 出会い系通信の元祖「ダイヤルQ2」登場	末井、『パチスロ必勝ガイド』『漫画パチンカー』創刊 スマイリー、大手出版社入社。芸能週刊誌に配属される 近藤、プリンス「BatDance」に衝撃を受け、音楽に覚醒する 米内山、広島へ転居し、三原市立三原小学校に転入

1990-1999
（平成2）　（平成11）

西暦（年号）	社会の出来事	ペーソスにまつわる出来事
1990（平成2）	秋篠宮文仁殿下ご成婚 秋山豊寛さんがソ連の宇宙船ソユーズに乗り日本人初の宇宙飛行を果たす ローリング・ストーンズが東京ドームで日本初公演 TBS職員の秋山豊寛さん、日本人初の宇宙飛行に	末井、あらゆるギャンブルにのめり込み始める 米内山、授業で取り上げられたブルーハーツ「情熱の薔薇」に衝撃を受け、音楽に目覚める
1991（平成3）	湾岸戦争勃発！ ソビエト連邦が崩壊し バブル崩壊により景気後退（～1993年）	スマイリー、所属週刊誌が休刊となり、以降、不得手な職場をたらい回しにされ、会社で役立たず化し始める 近藤、埼玉県立川越高校入学。吹奏楽部でバスクラリネットを担当する
1992（平成4）	学校週5日制が始まり、子供も週休2日になる 東海道新幹線のぞみ運行開始 高田馬場にコタツ使用の夜這い専門店「桜」が登場 新幹線「のぞみ」登場	末井、バブル崩壊でマンション投資による多額負債を被る（現在も返済中）
1993（平成5）	今上天皇皇后ご成婚 サッカーJリーグ開幕 乱交系風俗「ビデオ鑑賞会」が巷でブームに 皇太子さまと雅子さまご結婚 レインボーブリッジ開通	島本、9月に荒木経惟氏との共著『愛の新世界』（東京三世社）上梓。翌年、映画化され、日本初のヘアヌード映画として話題になる 米内山、埼玉県へ転居し、新座市立第三中学入学
1994（平成6）	日本人の平均寿命が男女ともに世界最長となる オウム真理教による松本サリン事件発生 大江健三郎氏にノーベル文学賞	近藤、国立音楽大学楽理科に入学するも、前期試験の途中で観た映画『父の祈り』に触発され、残りの試験を受けず中退後に映画『素敵なダイナマイトスキャンダル』を監督・脚本することになる冨永昌敬氏と出会い、映像制作を開始 米内山、独りサッカーに興じていて滑って転んで頭を強打し、かなり変な子になる
1995（平成7）	阪神淡路大震災が起こる オウム真理教による東京の地下鉄サリン事件発生	島本、5月に『Hな広告―ヤラしい、妖しい、おかしなふーぞく広告の正しい知識』（竹書房）上梓

日本が地震で大きく揺れる中
メンバーたちもまた楽器と出会い、
女によろめきギャンブルに狂った時代

			1996（平成8）	1997（平成9）	1998（平成10）
「プリント倶楽部」登場。女子中高生の間で大ブームに	風俗店でAF専門店が登場し他業種へもサービスが波及する ウィンドウズ95発売	たまごっちが一大ブームに 65歳以上の人口が過去最大になり、高齢化社会が如実になる 薬害エイズ事件発覚 歌舞伎町にキャバとヘルス合体の「ヌキキャバ」登場	ペルーで早稲田大学探検部員2名が現地の兵士に惨殺される事件が発生 消費税が5%に引き上げられる サッカー日本代表が初のワールドカップ出場を決める	長野で冬季オリンピック・パラリンピックが開催される 風営法が大幅改正され、無店舗営業などが届け出対象となる 「韓国エステ」が突然の一大ブームとなる 長野五輪開幕	ノストラダムスの大予言当たらず恐怖の大王現れず 東海村JOC臨界事故発生
近藤、実家を追い出されてバイトしながら高円寺に一人住まい。ロックバンドの助っ人でサックスを吹くようになる	米内山、ギターを買ってもらうも、調律で挫折しかけるチューナーのおかげで弾けるようになり、のめり込んで多重録音を開始。	末井、人妻だった美子ちゃんを好きになってしまい、妻の元から家出 米内山、埼玉県立新座高校入学。物流センターでバイトするも、同僚が機械に巻き込まれたり、過労で卒倒したりする職場環境に恐怖を覚える	近藤、クラリネットに転向し、本格的に音楽活動開始	島本、9月に『なめだるま親方のフーゾク大全』(アスペクト)上梓 米内山、同級生とハードコアパンクバンドを結成	米内山、東京都国立市へ転居し、東京工学院専門学校入学。スーパーでバイトするも、多国籍の同僚たちがつかみ合いの喧嘩をする職場環境に恐怖を覚える

2000-2009

（平成12）　（平成21）

西暦（年号）	社会の出来事	ペーソスにまつわる出来事
2000（平成12）	沖縄サミットを記念して二千円札が発行されるも定着せず 世田谷一家殺人事件発生	末井、好きになった人・神藏美子と結婚 米内山、学校の仲間とハードコアパンクバンドを結成
2001（平成13）	アメリカ同時多発テロ事件が起こる DV防止法が施行される	米内山、杉並区へ転居し、以降は区内を転々。プロミュージシャンとして活動し始めるも食えず、バイトの日々
2002（平成14）	日本で初めてFIFAワールドカップが開催される 東京の多摩川に住み着いたアザラシ「タマちゃん」大人気になる	島本、12月に荒木経惟氏主宰の忘年会で初の自作曲「甘えたい」を披露し、居合わせた人たちに絶賛されて歌手になることを決意 米内山、デスメタルやハードコアパンクなどのバンドを経験するが上手くいかず、サポート主体のフリー活動に入る。演劇音楽も手掛けるようになる
2003（平成15）	テレビの地上波デジタル放送が開始される 江戸幕府開府400周年、黒船来航150周年	島本、1月に初の小説『舐達磨』（双葉社）上梓。ライターとして日々原稿を書きつつ、せっせと曲作りをし始める ペーソス、9月23日にアルバム『甘えたい』（クエスト）を発売してデビュー スマイリー、会社の忘年会に先輩がペーソスをゲスト出演させたことを受けて司会を務め、以降、行動を共にするようになり、なりゆきでペーソス加入
2004（平成16）	新潟中越地震発生 オレオレ詐欺が多発し始める	ペーソス、2月15日新宿「クラブハイツ」で開催された「大西ユカリと新世界」東京公演のゲストに、主催者の末井によって抜擢され、初めて仲間内以外のファンを獲得する。あべのぼる氏に見いだされ、大阪の野外ライブ「春一番」初出演。Pヴァインレコード所属も決まる 島本、四コマ漫画『ダルマチックス』（ワイズ出版）をピエール・ナメダルマン名義で上梓。末井、吹きたいときに参加するイレギュラーメンバーとしてペーソスに加入

黒船来航150年を迎えた時代
平成の眠りを覚ますべく芸能界に船出した
ペーソスNHK初出演！

		ペーソス、9月にPヴァインレコードから『甘えたい』(再発売)と、ライブ盤2ndアルバム『生で甘えたい』2枚同時発売
2005（平成17）	日本の人口が統計開始以来初の自然減に転ずる 第二次世界大戦終結60周年	ペーソス、11月にPヴァインから3rdアルバム「おやぢいらんかえ〜」発売。宣伝担当北村氏の尽力により、「甘えたい」「女へん」「霧雨の北沢緑道」などがカラオケに収録された
2006（平成18）	秋篠宮家に皇室41年ぶりの男子である悠仁親王が誕生 Twitter、Facebookのサービス開始	ペーソス、正月放送のNHK「ポップジャム」に出演。今年売れそうな新人バンドのコンテストで、司会のつんく♂さんに「アンタらズルいわ」と言われつつ、審査員の波田陽区特別賞を受賞
2007（平成19）	無理メのダイエット方法「ビリーズブートキャンプ」大流行 団塊の世代の定年退職が始まる	近藤、米ルイジアナ州立ニューオリンズ大学音楽学部へ留学。 末井、『パチプロ編集長—パチンコ必勝ガイド物語』(光文社)を上梓
2008（平成20）	リーマンショックにより世界的に景気後退 東京、埼玉、福井でタクシーの全面禁煙化。愛煙家受難の時代が訪れる	ペーソス、9月にDVD付き単行本『血糖値が高いから』(バジリコ)上梓
2009（平成21）	大阪道頓堀から、阪神初優勝時に投げ入れられたカーネル・サンダース発見される 新型インフルエンザが猛威を振るい死者が出る	ペーソス、5月に4thアルバム『イッテコイショー』(タイムレス)発売

2010-2019

（平成22）　（平成31／令和元）

西暦（年号）	社会の出来事	ペーソスにまつわる出来事
2010（平成22）	小惑星探査機はやぶさが帰還 平城京遷都1300周年	ペーソス、5月に5thアルバム『歌謡報道ペーソステーション』（タイムレス）発売 島本、9月に『1食100円の幸せ』（バジリコ）上梓 近藤、ニューヨークのイベント「Midsummer Night Swing」に出演し、リンカーンセンターで演奏
2011（平成23）	東日本大震災が発生 なでしこジャパンFIFA女子ワールドカップで初優勝	ペーソス、5月に6thアルバム『焼酎のお湯割りをもう一杯』（Pathos-records）発売 米内山、信頼しているバーのマスター（実はスマイリー友人）に命じられて断りきれず、9月から二代目ギタリストとしてペーソスに加入。末井も、同時期から正式メンバーとなる 近藤、大学卒業後帰国し、東京のジャズシーンで活動を開始
2012（平成24）	東京スカイツリー開業 食品衛生法によりレバ刺しが食べられなくなる	ペーソス、5月に7thアルバム『倚りかかりたい』（Pathos-records）発売 島本、12月に「東京湯めぐり徘徊酒」（講談社）上梓 末井、10月末日をもって白夜書房を退社
2013（平成25）	富士山が世界遺産に登録決定 ニホンウナギが絶滅危惧種に指定される	ペーソス、6月に8thアルバム『私はいったい何を忘れてしまったんだろ』（Pathos-records）発売。7月にボーイズバラエティ協会入会 末井、11月にエッセイ『自殺』（朝日出版社）上梓
2014（平成26）	消費税が8%に引き上げられる 日本の総人口の4人に1人が65歳以上となる	2月、ペーソス新聞創刊。 末井、著書『自殺』で第30回講談社エッセイ賞を受賞。 近藤、女性問題でジャズ界を追われるが、「コロリダス」に参加してラテン音楽に活路を見出す（現在も掛け持ち在籍中）

東日本が揺れ富士山が世界遺産に登録
平成の時代の終わりに
瓢箪から駒な武道館出演を果たすペーソス

2015（平成27）	マイナンバー制度の運用が開始される 第二次世界大戦終結70周年	ペーソス、2月にマキシシングル「ばんえい讃歌」発売。3月に帯広競馬場で発売記念ライブを実施 島本、4月に『大丈夫かい山田さん』(バジリコ)上梓。7月に『東京居酒屋ガイド』(IBCパブリッシング)上梓 近藤、女性シンガーのバックを務めて対バンのペーソスと初共演し、熱烈なファンとなって、以降、たびたび客演するようになる
2016（平成28）	熊本地震が発生 選挙権が18歳以上に引き下げられる	ペーソス、6月に9thアルバム『赤と白』(Pathos-records)発売。12月にライブ2枚組の10thアルバム『LIVE冬』(Pathos-records)発売 末井、エッセイストとしての原稿執筆が忙しくなり、10月にペーソスを生前退位……したつもりだったが公務は引き続き行う
2017（平成29）	月末金曜日を労働時短の「プレミアムフライデー」とするも、まるで定着せず 五十円硬貨発行50周年、百円硬貨発行60周年	近藤、2月から正式にペーソス加入 ペーソス、7月に11thアルバム『センチメンタルな旅』(Pathos-records)発売
2018（平成30）	北海道胆振東部地震が発生 2025年の万国博覧会開催地が大阪に決定	ペーソス、3月に12thアルバム『夫婦冷やっけぇ』(Pathos-records)発売。末井昭原作の映画『素敵なダイナマイトスキャンダル』(東京テアトル)が公開され、メンバー全員出演を果たす 6月、矢内宏昌氏がペーソス私設マネージャーに就任。「史上最大のコンサート」を企画し、浅草東洋館を単独で満員にする壮挙を果たすも、12月、体調不良でマネージャーを降板 末井、エッセイ『自殺会議』(朝日出版社)上梓
2019（平成31／令和元）	5月1日に改元し「令和」元年となる	ペーソス、1月15日に銀杏BOYZの前座に抜擢されて、武道館のステージに立つ

ペーソス世界を伝道《PR》

専属司会 スマイリー井原さんに聞く

ペーソス旅（ツアー）のあれこれ

2004年8月より週1ペースでペーソスの活動を公式サイト（http://www.pathos-oyaji.net/）「weekly」ページ（現タイトルは「必ず!! 週刊スマイリー通信」で報告。以来約15年にわたりペーソスの動向のほぼすべてを記録されてきた専属司会スマイリー井原さん。ここではそのコーディネートを担当することも少なくないというペーソスの旅（ツアー）について振り返っていただきました。

＊＊＊

テーマ1 訪れたことのある道府県

〜その地を初めて踏んだ時期

北海道 MAP① 2004年2月下旬だったと思います。短編映画の巨匠・山田勇男さん（島本友人）の作品上映会と、ペーソスのライブがセットで2公演くらいしたはず。2会場目は、雑誌「ガロ」で一時代を築いた漫画家・鈴木翁二さんの弾き語りとも共演しました。

大阪 MAP② 2004年5月、ゴールデンウイーク恒例の野外イベント「春一番」に、名プロデューサー・あべのぼるさん（故人）に招聘して頂きました。わずか15分の出番でしたが、大いにウケて、持って行ったCD（100枚くらい）を完売する快挙を達成いたしました。

石川 MAP③ 2004年の6月か7月か、金沢市の繁華街・片町のミュージックバー「ジェラスガイ」（→P223）に出演させて頂いたのがご縁で、以降、ずっとお世話になりっぱなしです。

神奈川 MAP④ 2004年の6月か7月か8月か、横浜長者町の名店「FRIDAY」（→P221）に、Pヴァインレコードのお世話で出演させて頂き、以降、Pヴァインと袖を分かってからも店主の磯原さんには長年にわたってお世話になっています。横浜は日帰りできるので、普段の都内ライブと感覚的には同じだから、ここに書くべきではない、かなぁ。

静岡 MAP⑤ 2005年3月に、ラジオ出演（どの番組かは失念）きっかけで気に入ったからとのご依頼で、某社の慰安旅行100名様規模の大宴会ゲストに呼んで頂きましたが、きれいさっぱりウケず。初の静岡は、令和元年5月6日の、しりあがり寿先生に呼んで頂いた静岡市で開催された演劇フェス「ふじのくに⇄せかい演劇祭2019」の関連企画イベント「ずらナイト」が初回だと、歴史を捏造したい。

芸妓の稽古場だった建物が印象的な片山津温泉「検番」（写真左）、大阪の「日本ぶどう館」にて演奏中。写真：「ペーソス新聞」より。

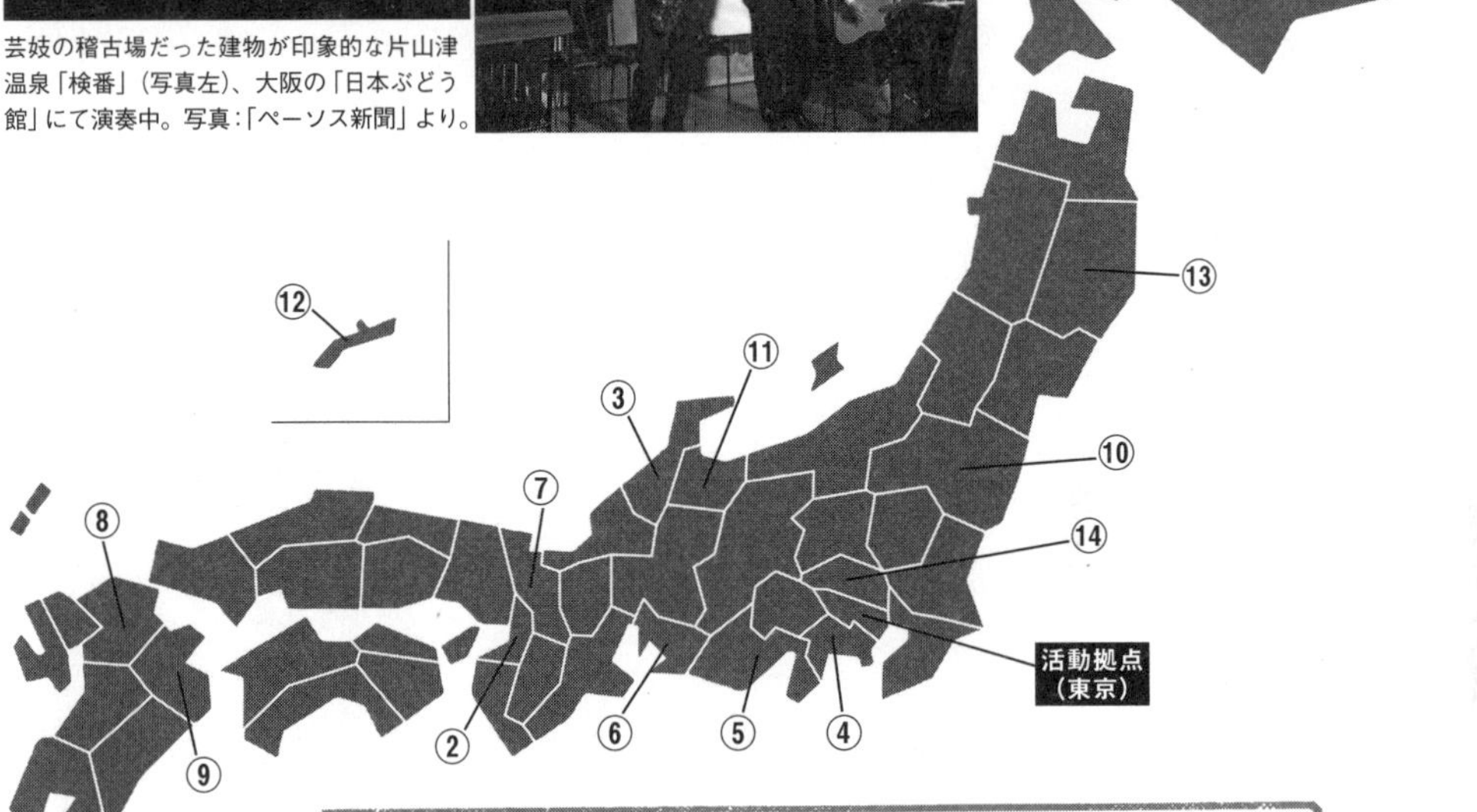

ペーソスに踏まれた町とペーソスが踏まれた町MAP

愛知 MAP⑥ ２００５年3月に、名古屋市内各店や路上で行われた音楽フェスに参加させて頂いた記憶があります。島本慶が高校時代を過ごした地元で、同級生の皆さんがお出かけくださいました。

京都 MAP⑦ ２００５年3月に、京都市中のビストロで公演しました。とある和装のお客様に「アンタがた、音楽かお笑いか、どっちかにした方がええよ」と腐され、島本「両方したいんです」。

福岡 MAP⑧ ２００８年12月に、当時「霧雨の北沢緑道」がCMソングになっていた特保サプリメント「豆鼓エキス粒タイプ」後援により、福岡市内のライブハウスで公演するも不入り。やや落ち込むも、翌日、九州朝日放送ラジオ「サンデーおすぎ」に出演させて頂き、おすぎさんに「何とかしてあげたいわぁ、この人たち」と気に入って頂いて上機嫌に。

大分 MAP⑨ ２００８年12月、「豆鼓エキス粒タイプ」CMがきっかけで気に入って下さった不動産会社の社長さんに、忘年会ゲストを依頼されて大分市内の高級ホテルで公演。上司が喜ぶものに我慢して従う、サラリーマンの忍耐力養成に一役買った、はず。

福島 MAP⑩ 2012年8月17日、しりあがり寿先生に招聘して頂いて、福島市内の音楽フェス「福島クダラナ庄助祭り」に初参加。

富山 MAP⑪ 2013年9月28日、金沢「ジェラスガイ」のマスター中井さんがプロデュースして下さって、地元のブルースシンガー・W.C.カラスさんと初共演。

沖縄 MAP⑫ 2014年9月26日〜28日、普天間市、那覇市、石垣市で公演。合間に撮影を行い、「島の黄昏」PVを制作。

岩手 MAP⑬ 2015年9月11日〜12日、震災後の町興しを手掛ける経営コンサルタント藤崎泰造さんプロデュースにより、復興屋台村公演と、湾内遊覧の屋形船ディナーショーの2公演を実施しましたが、復興のお手伝いができたかどうかは、自信無し。

埼玉 MAP⑭ 2017年3月19日、所沢のライブバー「MOJO」出演が、意外にも埼玉県初登場でした。活動拠点の隣県にして、尚人、哲平も住んだことがあり、スマイリーの生まれ故郷なのに。長年のペーソスファンにして所沢が地元の、ビバリー井上さんのご尽力により実現しました。

テーマ2 恒例（現在&過去）ライブツアー県
〜場所&スタートしたきっかけなど

北海道 2013年から、熱烈なペーソスファンだった加藤克明さん（故人）にプロデュースをお願いして、それまで自力で数度実施していた札幌公演に加えて、加藤さん郷里の帯広公演をするようになりました。加藤さん亡き後も、その帯広畜産大学の後輩である氏原守男さんに御尽力いただき、さらにその伝手で札幌の大原さん深澤さん、島本友人の金井さんほか、多くの方々に支えて頂いています。島本慶がホームグラウンド下北沢「ラ・カーニャ」（→P220）で知り合った「帆立屋しんや」新谷社長に取り縋って実現した、カーリングで有名な北見市常呂町の公演も加わり、北海道横断規模に拡大。加藤さん亡き後、ツアードライバーを札幌のファン・シュミット伊藤さんに務めて頂いているのも、申し訳なくも嬉しいことです。

石川 2004年「春一番」に店を挙げてご来場だった金沢市の繁華街・片町のミュージックバー「ジェラスガイ」のオーナー橋本沙央梨さん、マスター中井保文さんに誘われて出演させて頂くようになってから、長年にわたってお世話になっております。2015年には、片山津温泉「検番」公演に、亡き加藤さんが新宿ゴールデン街「ビッグリバー」で隣り合わせて知りあって頼み込んだ、地元の陶芸家・山下一三先生と奥様のメグさんとのご尽力により出演させて頂き、これまでに2度の公演をいたしました。

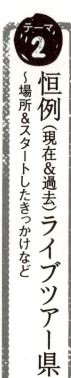

大阪 「春一番」出演により人脈ができて倚りかかって、何度も伺ってきましたが、2014年くらいから、こちらも亡き加藤さんの人脈で、その大学時代からの大親友・中川欣三さんプロデュースで例年3月に、心斎橋「Salon de LEON」で公演しています。我々の知古である、三ッ寺会館「barえん」（→P223）ママのヒロ子さんや、シンガーソングライターすどうみやこさん、島本友人の大栗さん、スマイリー友人の高橋くん、そのほか多くの支援者あってこその大阪ツアーです。

テーマ3 土地土地での特記すべきこと ～個人的興味&メンバーエピソードなど

大阪 お客様のレスポンスが良い。東京だと「笑っていいのかな？」と、周囲を気遣うお客様が多いように思いますが、大阪の皆様は「オモロイもんは笑う」というストレートな反応なので、演者をノセてくださいます。

石川 末井のサックスが、航空機輸送で乱暴に扱われたためか不調になり、「新しいのを買うから楽器屋へ連れて行って」と騒いだところ、「ジェラスガイ」のマスター中井さんが地元の名リペアマンに連絡を取って下さり、本番までに修理することができました。その後、末井は「ボクは数十万円儲かった」と言って、食事代を全員分出してくれたりし始めました。買わなくて済んだことを「儲かった」と思う感性が不思議。

沖縄 尚人が手配した那覇市内の宿は、ドアを開けると目の前に曇りガラスの小部屋があり、そこはシャワーとトイレ、その天井部分がベッドで、垂直の梯子で登って寝ると50センチくらい上に梁が飛び出している、奇怪な構造でした。亡き加藤さん、島本、末井、高齢層に大不評で、後々まで呑むと非難の話題になっていました。

番外編

そのほか旅にまつわるもろもろ

——ツアーコーディネートの際、苦労する点、逆にラクになったことなどは？　また、ベーソスに「わが町に来てほしい！」という方に、**相談方法**と**押さえておく**といいポイントを教えてください。

ツアーは、旅費を圧縮しないと儲けが出ないので、安宿探し、格安パック探しには、毎度、苦労します。今時はインターネットで探せるので、楽、ですかね？　ネット以前の苦労は知らないので、ただ面倒なだけです。誰も、ねぎらってもくれないし。

相談方法 公式サイト（http://www.pathos-oyajii.net/）のTOP下部にある「出演の御依頼、サイトへの御意見／要望はこちらまで」の「こちら」をクリックするとメール画面が開きますので、ご用件をお書きください。サイト管理人から、メンバーにエクスキューズされます。

ポイント 一応プロなので、黒字にならないと困るんですなぁ。ですので、ペイがポイントです。ペイペイ。お宅に泊めて頂けるとか、お車出して頂けるとか、食べさせて下さるとか近隣の儲け口も込みで紹介して下さるとか、旅費を圧縮できる手立てをご提案して頂けますと幸い。ペイペイ。

ペーソスの皆勤賞?

ボーカル

島本慶さんに聞く

ペーソスのメディア展開史

メンバー全員が常にステージに立つとは限らないペーソス。その自由さは、休んだメンバーが自分以外のペーソスによる演奏を客席で見ていたりもするほど。

そんな中「自分は休めない」との自負があるボーカルの島本さんは基本的に全活動に参加。テレビにラジオ、CM、そしてメンバー揃って出演を果たした映画では重要な役どころを演じたりも。忘れてもその場にはいるペーソス経験値No.1の島本さんに、ここでは主にペーソスのメディア関連活動について聞きました。

――それではまず、テレビ出演についての印象深かったエピソードなどから――。

ペーソスとしてテレビに出たのは数少ないですが、今までにNHKの「ポップジャム」という音楽番組に出て何やら賞をいただいた記憶があります。

それとやっぱり民法の深夜番組（そればっかり）ですが、確か中野美奈子さんが司会で、バブルガム・ブラザーズの小柳トムさんが何かキャラクターの声で司会をする番組で、局内のスタジオに作られた舞台で演ったことがありますね。

で、その後にこのお2人がデュエットをする曲を作ってくれという依頼があって、詞はトムさんが書いて曲だけを作りました。といっても初期の頃のメンバー、岩田さんが作ったんですけど。確か「落下傘」という曲名だったと思います。

テレビでは、他にはアノ爆笑問題のお2人が司会の番組で演ったことがあります。確か審査するゲストがいて、点数をつけられ、ユーミンの旦那さんが出ていて馬鹿にされた記憶があります。でもその隣にいた巨乳のタレントさんにはベタボメされて、とても嬉しかったです。

――ラジオ出演で会えてうれしかった方、特に記憶に残っているご経験というと?

ラジオ番組では、お笑い関係のプロデューサーである木村万里さんが色々応援してくださって、永六輔さんの番組で曲をかけていただいたりしました。

他には末井さんの紹介で、高田文夫先生の「ラジオビバリー昼ズ」に何度か出させていただき、生で演ったりしましたねぇ。

テレビやラジオで印象深かった記憶は、やっぱりNHKでしょうか。何せ曲の詞がテレビ用じゃないので、引っかかる言葉が多く、歌えない曲ばかりで困っちゃったのを覚えています。

たとえば「独り」という曲は、出だしの一言が「キオスクのオバちゃんに……」で始まるわけだけど、その最初のキオスクがブーでした。

ですから詞を所々変えて歌ったりしていました。放送コードってのがあるみたい。てぇことはよく考えてみるとテレビで歌っている歌手の人たちって、それをみんなクリアーにしているってことなんでしょうね。

だからか、みんな意味の無い曲に聞こえてしまうのは（違うか）。


——CM出演はどういうところからお話が？


CM出演は「霧雨の北沢緑道」という曲が使われたのがきっかけです。友人の掘込さんがCMプロデューサーをしていて、この曲にピッタリの商品のCMを手がけることになり、ぜひ使わせてほしいと言われて打ち合わせに行った時に、ついでにCMに出てくださいとお願いされました。それというのもその商品が、血糖を下げるサプリメントだったからです。

その頃の私は太っていて、しかも血糖値が高いオヤジに見えた。結局CMソングだけじゃなく自分も出演させられてしまったというわけです。

そのCMは掘込さんの制作で確か10本くらい撮ったはずです。その中には日光江戸村に撮りに行ったのもあります。私は悪徳商人の役で、ちょん髷とかして歌ったりしましたねぇ。

でもこれらのCMは東京のキー局ではほんの少ししか流れず、地方局ばかり流れていたみたいです。それでも北は北海道から南は沖縄まで全国的に流れていたみたいで、地方へツアーに行った時に知っている人がいて驚いたことがあります。

確かそのCMのおかげで商品の売り上げが伸びて話題になり、サンケイ新聞で取り上げられたこともありましたっけね。

でもその会社が売り上げを伸ばした影響で、CMの制作が掘込さんの手を離れて大手の広告代理店に持っていかれてしまい、その結果私どもペーソスの出番は無くなりました。つまり有名なタレントさんを起用したCMが流れるようになってしまいました。

その後、そのスポンサーの商品が、どうやら中国で作っていたみたいで、ちょいと問題があってその会社今はどうなっているのか知りましぇん。


——二匹目のドジョウ願望（妄想）などは——？

CMにはモチロン出たいですけど。そ

映画『素敵なダイナマイトスキャンダル』撮影中のペーソスメンバー。同作DVDは好評発売中！
写真：「ペーソス新聞」より。

の血糖値を下げるサプリメントにはペーソスはピッタリでしたけど、他のCMとなると何かありますかね？

今は一応、ボーイズバラエティ協会に所属しているわけですから、プロのお笑い芸人なんですが、使われるとしたらやっぱりCMソングってことになるでしょうねぇ。でも逆にスポンサーに怒られるような曲が多いし、たとえば「もとすり横町」なんて曲は商売している人には、歌ってほしくない内容だし。エッチな曲が多いし、中でも「エロジジィエレジー」なんてとてもテレビじゃ歌えないし。「散歩に出かけよう」なんて曲は、今じゃご法度の歩きたばこしてるし。

でも作れと言われりゃ作りますよ、いくらでも。実際に「シウマイ弁当」なんて勝手に作って歌ってるわけですから。とはいえあんまりえばれる内容じゃないですけど。

――（笑）。では次に、映画出演のことについてお聞かせいただけますか？

末井さん原作の映画は面白かったですねぇ。アノ冨永昌敬監督の。そう『素敵なダイナマイトスキャンダル』ですよ。撮影現場も楽しかったし。セリフを覚えるのは苦手だけど、何も考えないで出さしていただいて、まぁ遊んじゃったみたいな感じ？

――『素敵なダイナマイトスキャンダル』はペーソス5人全員が出演されて、その中でも島本さんは唯一かなり重要な役を演じられたわけですが、撮影現場はいかがでしたか？

普段、人前で歌っているせいか、まったく緊張感もなかったです。ただ冗談で馬鹿やれたというか、そんな感じ。で、思ったんです。役者ってぇ仕事は数ある職業の中で最も楽な仕事なんじゃないかと。だから役者を仕事にして食えている人ってズルイというか、こんな美味しい仕事って他に無いんじゃないの？

あっ、ミュージシャンがあったか。でもまぁみんな食えないか。

――スクリーンで完成作品をご覧になった時、俳優としてのご自身についてはどう思われましたか。

映画を見させていただいて、自分でもわかるんだけど、かなりリラックスして演ってるのがミエミエでした。主役の柄本佑さんは大変でしょうが、ちょい役というかわき役ってのはいいねぇ。

いくらドシャ降りの中をズブ濡れになっていても、いやぁ楽しかった。また何かあったら出たいなぁ。無いか。

――その後、冨永監督はペーソスのPVも撮影されました。

そうそう、いい人だねぇ。そのロケ地ってのが、霧雨じゃなかったけど北沢（川）緑道ですよ。

それと渋い民家の、私のお友達であるクリタさん家。

冨永監督に、「どこか緑道の近くに渋い民家とかありませんかねぇ？」と聞かれた時、私が速攻「あります！」と答えたのがクリタさん家でした。

実はクリタさんの家の庭で時々バーベキューとかやってるんですよ。みんなでお酒とか持ち寄って。つい先日も24名も集まっちゃってねぇ大騒ぎ。私も調子こいてもぉベロベロに酔っちゃいました。今度いつやるのかしらん？

よろしくペーソス
うたぼん

#21
▼▼▼▼▼
31

ペーソスの歌世界

〈其の弐〉人生賛歌・応援歌?編

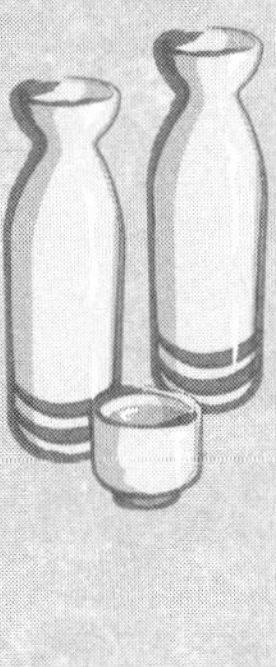

四、

A　　　　　　D　　A
電気風呂はちょいと苦手だな

A　　　　　　D　　E7
ジェット風呂でハラをよじらせて

A　　F#m　　D　　　F#m
仕上げは薬湯にカラダを沈め

D D#dim A　F#m　Bm7　E7 A C#dim
今日も一番風呂で極楽気分

Bm　　C#7　　F#m
銭湯を出たなら良い風に

Bm　　C#7 F#m　　E
吹かれて心も生き還る

D　　　　C#7　F#m
さぁてこれから居酒屋へ

D D#dim　A　F#m
あの娘もボチボチ

Bm7　E7　A　F#m
向かうだろう

D D#dim A F#m Bm7　E7　　A
一足先にちょいと飲んでよう

Bm7　　E7　　A　F#m
来なかったりして・・・

Bm7　　E7　　A　F#m
忘れてたりして・・・

Bm7 E7　　Aaug　A
もうヘベレケだ・・・

カ・イ・セ・ツ・？

島本慶

銭湯へ行って、下足札はいつも54と決めているってのはこれ本当の話です。ある時、友人の伊達ちゃんが以前、お好み焼き屋さんをやっていた頃のこと。

私が遊びに行くと、何故かこの54の下足札が壁に飾られていたんです。いやもぉ驚いちゃいました。これは偶然のことだったみたいで、伊達ちゃんは、やめてしまったご銭湯の主人からたまたまもらった物だったそうです。「エーッ！　これちょうだい！」と私、思わず叫んでいました。以来ライブで歌う時は必ず持参して、小道具として使わせて頂いてます。

私も銭湯好きだけど、伊達ちゃんは本格の銭湯マニアですからねぇ。さて、そろそろ銭湯に行く時間です。今夜はどこにしよう？

僕は、アメリカにいた4年間、ずっとシャワー生活でした。それに慣れちゃって、いまでも家で湯船に浸かることはあまりありません。でも昔は風呂なしに住んでて、銭湯に通ってたんです。高円寺にいたときなんて、銭湯がいくつもあって気分で行くとこ変えたりして。この曲を聴くと、あの頃を思い出します。あの中でいまでも残ってるのは、何軒くらいなんだろうか。

Commented by **近藤哲平**

よろしくペーソス

うたぼん #21

一番風呂へ

作詞・作曲 島本慶　編曲 米内山尚人

一、

A D A
銭湯のトビラが開くまで

A D E7
ガラガラシャッターが上がるまで

A F#m D F#m
銭湯に先頭で並んでる

D D#dim A F#m Bm7
今日も一番風呂に入ると

E7 A E7
決めている

Bm C#7 F#m
あんなに熱いと感じてたのに

Bm C#7 F#m E
おやぢになるとぬるく感じちゃう

D C#m7 F#m
あの娘とこれから居酒屋へ

D D#dim A F#m Bm7 E7 A
あの娘も今頃は銭湯さ

二、

A D A
下足札は54と決めている

A D E7
番台のおばちゃんに460円

A F#m D F#m
洗い場じゃすかさずシモを洗い

D D#dim A F#m
今日も一番風呂に

Bm7 E7 A C#dim
ザンブリコ

三、

A
薄くなったアタマを

D A
ゴシゴシ洗い

A D E7
足の指まで念入りに洗う

A F#m D F#m
シャワーで流してスッキリと

D D#dim A F#m
今日も一番風呂で

Bm7 E7 A E7
良い心持ち

四、

D A D G D
※ハーモニカ

G D A#
ゆっくり歩けばバラードを口ずさみ

D A
スタスタ歩けば足音が

D
パーカッション代わりに

D G Bm7 E DAD
※ハーモニカ

D A D
散歩に出かけよう

G
鼻歌まじりで

D
猫を追いかけ回しながら

G
洗濯物が風に吹かれて

D A#
揺れている

D A
人んちの家族構成を

D
推理してみたり

D G Bm7 E
散歩に出かけよう

D A
元々自分の居場所なんて

D
あろうはずも無く

D A D
疲れたら一休み

G
そんな老人のたちの

D
輪の中に

Bm7 A D
そっと身を寄せてみる

カ・イ・セ・ツ・?

島本慶

時間のある時は、ほとんど散歩に出かけている。当然お風呂道具はバッグに入れていて、夕暮れ時に銭湯を見つけると入ります。実際そういうオヤジは多く、スニーカーにリュックで歩いている姿をよく見かけますな。中には話しかけてきて、「アタシ今どこにいるんですかねぇ?」と言う人もいる。

そういう人に、こと細かに居場所を教えても、あんまり意味が無い。どこだか解っちゃいないから、それじゃあお互い気をつけてと別れます。お互いに向かう先は、その街の、いわゆる飲み屋街ですから。ということはどこかの駅に近いわけで、何とか帰れるんです。こんなこと書いてたら、また出かけたくなってきました。でも歩きタバコやべぇかなぁ?

コード進行がちょっとだけ凝ってる、ペーソス流フォーク・ソング。いい加減でもダメでもいいじゃん、って思わせてくれる歌詞と曲のマッチングがいい感じ。そう、疲れたら休めばいいし、追い抜かれたって気にする必要ないんですよ。適当なようでいて実は真理を突いてるのが、クレイジーキャッツみたい。言い過ぎかな?

Commented by 近藤哲平

よろしくペーソス

うたぼん

#22 散歩に出かけよう

作詞 島本慶　作曲 島本慶、米内山尚人
編曲 米内山尚人

一、

D　　　A　　　D
散歩に出かけよう
G　　　　　　　　D
クルマの通らない裏道を
G
晴れた日はサングラスに
D　　　　A#
パナマ帽を被り
D
風の強い日は
A　　　　　　D
吹き飛ばされながら
D　　G　　Bm7 E
散歩に出かけよう
D　　　　　A　　　　　D
いかがわしいおやぢになりきって
二、

D　　　A　　　D
散歩に出かけよう
G　　　　　　　　　D
歩きタバコで煙たがられながら
G
「この街は禁煙なんだよ！」と
D　　　　A#
罵られながら
D　　　　A　　　　D
素早く横道にコソコソ身を隠す
D　　　G　　　Bm7 E
散歩に出かけよう
D
迷えるものなら
A　　　　　　D
迷ってみたいものさ
三、

D　　　A　　　D
散歩に出かけよう
G
追い抜くおやぢも
D
たまにいるけど
G
走れるんだったら
走らなくったって
D　　　　A#
良いじゃないか
D
それにしてもいつから
A　　　　　　D
走れなくなったんだ
D　　　G　　　Bm7 E
散歩に出かけよう
D　　　　A　　　　　D
ほんの少しの汗をかくために

三、

Bbm　F
立ち食いのうどん屋で

F7　Bbm
猫と目が合った

Bbm　F
その目の奥に写ってる

F7　Bbm
まさかのオヤジです

Ebm　Cm7-5
ズズーッとすすった

Bbm　onAb
かけ蕎麦が

Gb　F
五臓六腑に染みわたる

Ebm　Bbm
東京は広いけど

F7　Bbm
人と話すこともない

Ebm　Bbm
東京は広いけど

F7　Bbm
人と話すこともない

カ・イ・セ・ツ・？

島本慶

独りって自由でいいですよねぇ。でも淋しい。さぁて今夜はどこで飲もうかなぁ！　なんて小躍りしながらひとっ風呂。でも寒さが身に染みる。熱燗できゅうっと、なんて口元を緩めても、どうせ居酒屋のカウンターの隅っこで手酌ですよ。

でも多いなぁ、そういうオヤジ。どこで飲んでても、誰にも話しかけられずにひたすら背中を丸めて黙々と飲み続けていて、酔っぱらったら帰って寝る。もぉそうでもしなきゃ眠れないんだから。

行く先は孤独死。私の事務所のある高田馬場にはかなり多いです。下町はもっと多いのかも知れません。まぁ酒が飲めるうちは飲みまくりましょう！　いやぁ楽しいなぁ。

一人暮らしでふだん誰とも話す機会のない人って、実はけっこういるんじゃないでしょうか。そんな中でも、猫と目が合うだけで嬉しいって、けっこう重症です。些細なことで幸せを感じられるのは素敵なことのはずですが、これだけ暗い曲調で歌われると…とりあえず、キオスクのおばちゃんはいい人ですね。

Commented by 近藤哲平

よろしくペーソス

うたぼん #23

独り

作詞・作曲 島本慶　編曲 ペーソス

一、

Bbm F
キオスクのおばちゃんに

F7 Bbm
メガネをホメられた

Bbm F
その一言でしばらくは

F7 Bbm
生きてゆけそうだ

Ebm Cm7-5 Bbm onAb
ワンルームのマンションで

Gb F
独り暮らしさ　この歳で

Ebm Bbm
東京は広いけど

F7 Bbm
人と話すこともない

Ebm Bbm
東京は広いけど

F7 Bbm
人と話すこともない

二、

Bbm F
コンビニのねぇちゃんの

F7 Bbm
頭が黒かった

Bbm F
そんなささいな出来事で

F7 Bbm
今夜は眠れそう

Ebm Cm7-5 Bbm onAb
チン！してもらった弁当で

Gb F
独り暮らしを噛み締める

Ebm Bbm
東京は広いけど

F7 Bbm
人と話すこともない

Ebm Bbm
東京は広いけど

F7 Bbm
人と話すこともない

Bm7　　　　　Bm　　　　　F#m7 F#m△7
暴力装置の大きなリュックや

Bm7　　　　　　Bm　　　A A7
キャリーバックやベビーカー

D
「優先席付近では

A
携帯電話の電源を

　　　　　　　D#dim
お切りになるか・・・」

Bm7　　　　E　　　　　　A
慌ててマナーモードにするおやぢ

四、

A
雨の日も　風の火も

Bm　　　C#m　Bm　　A
貴方を想い涙した日も

Bm　　　　　A D　　　　　　A
電車の窓から流れる街並みを

Bm7　　　　E　　　　A
同じ風景見続けている

Bm7　　　　Bm　　　　F#m7 F#m△7
ふと気が付くと目の前の

Bm7　　　　Bm　　　A A7
国籍不明の外国人が

D　　　　　A　　　　　　D#dim
立ち上がって話しかけてきて

Bm7
笑顔でなんと！

E　　　A
席を譲られた

カ・イ・セ・ツ・？

島本慶

それにしてもみんなよく飽きないですよね。毎日毎日同じ時間に起きて、同じ電車に乗って同じ駅で降りて、同じ職場に通ってる。

実は私もそうなんです。でもそうしなきゃ生きてゆけないんですもんね。でも元気ってことでそれで良しとしましょう。でも遣る瀬無い。ところで私の場合、行きと帰りで乗る電車を変えてます。

三軒茶屋から田園都市線で渋谷へ。山手線で高田馬場へ。それで帰りは一応同じ山手線で新宿へ。新宿から小田急線で下北沢へ。そっから歩いて三軒茶屋へ戻るわけです。でまぁ帰りは寄り道をして例によって銭湯へ入りちょいと一杯。いやぁこれのくり返し。やっぱり遣る瀬無いのは同じか。

島本さんは、日常のなにげない一コマを切り取るのが上手いですね。歌詞に出てくるのは、毎日どこでも目にするような景色ばかりなんだけど、なんか沁みるんですよね。フォーク調の軽快な曲だから、すんなり聞ける。そうしていると突然、あなたを想って泣いた日も～、なんてフレーズが飛び込んでくるから油断できません。ナンセンスな井原さんのセリフもご愛嬌。

Commented by **近藤哲平**

よろしくペーソス

うたぼん #24

電車に揺られて

作詞・作曲 島本慶　編曲 米内山尚人

一、

A
雨も日も　風の日も

Bm　　　　　C#m
汗ばむ夏の日も

Bm　　　　　A
震える冬の日も

Bm　　A　D　　　　　　A
台風が来て飛ばされそうな日も

Bm7　　E　　　A
電車に揺られてた

Bm7　　　　　Bm　　　F#m7 F#m△7
三軒茶屋の駅の改札に

Bm7　　　　Bm　　　　A A7
エレベーターに飛び乗れば

D　　　　　　A
「地下一階、ホームレス」

D#dim　Bm7　　E　　A
などと、聞こえてしまうのさ

二、

A
雨の日も風の日も

Bm　　　　　　C#m
地震で揺れた日も、

Bm　　　　A
人が死んだ日も

Bm　　　A　D　　　　　A
熱っぽい体でマスクをする日も

Bm7　　E　　　A
電車に揺られてた

Bm7　Bm　　　　F#m7 F#m△7
足を投げ出す若者は

Bm7　　　　　Bm　　　A A7
子供みたいにゲームに夢中

D　　　　　　A　　　D#dim
LINEに夢中の女子たちも

Bm7　　　E　　　A
手を止めメイクに夢中

三、

A
雨の日も風の日も

Bm　　C#m　Bm　　　A
淡々とした日々の繰り返し

Bm　　　A D　　　　A
座れた時も立ってる時も

Bm7　　E　　　A
電車に揺られてた

四、

G　　　　　　Em
おやぢって　寂しそう

Am7　　　　　D7
おやぢって　疲れてる

Bm　　　　　Am7
おやぢって　眠れない

C　　　　　　Am　　G
おやぢって　すぐキレる

Am　　　　　　Bm7
後ろ姿に哀愁が

Bm　　　　　　D
ヨチヨチ歩いてる

C　　　　　　G
体が縮むし　毛が抜け落ちる

Am7　　D7　G　D#
今夜も酒浸り

五、

G#　　　　　Fm
若いって　素敵だな

A#m7　　　　D#7
若いって　バカだけど

Cm　　　　　A#m7
若いって　バカだけど

C#　　　　　　A#m
おやぢになっても

　　　　G#
バカだけど

カ・イ・セ・ツ・？

島本慶

若い時は私、早く大人になりたいとずぅっと思ってました。ところが大人になると、今度は早くオヤジになりたいと思うようになって、今は老人になりたくてしょうがありません。もう一歩のところまで来ています。

でもねぇ、老人になってボケが始まると、今度はいよいよ早く死にたいと思うんじゃないかと自分でも心配です。

あっという間の人生ですから。若いって何なんでしょう。確かに若い女の子は可愛いですけど。（男はどうでもいいんですが）まぁ馬鹿は馬鹿ですよね。最近の若い奴は！　と言えるようになりたかった。でも若いからしょうがないと思うようになって、あんまり若者を批判することも無くなりました。ジジィ！

たしかに、若い人やおばちゃんって楽しそう。それにひきかえ、おやじって、あまり楽しそうに見えません。なんで？　寂しいから？　疲れてるから？　しがらみが多いから？　パッとしなくても、あんまり深刻にならないでバカになった方が楽しいのにねー。軽快なリズムで、そんなことを歌ってるように聴こえます。後半に転調するのが、さらにバカ万歳。

Commented by **近藤哲平**

よろしくペーソス

うたぼん #25

若い人

作詞 島本慶　作曲 島本慶、米内山尚人

編曲 米内山尚人

一、

G　　　　Em
若いって　素敵だな

Am7　　　D7
若いって　夢もある

Bm　　　　Am7
若いって　綺麗だな

C　　　　Am　　G D7
若いって　バカだけど

Am　　　　Bm7
後ろ姿がたくましく

Bm　　　D
声に張りもある

C
体力ありそうで

G
似合わない服

Am7　D7　　G D7
根拠のない自信

二、

G　　　　　Em
若い人って　楽しそう

Am7　　　　D7
若い人って　良く笑う

Bm　　　　　Am7
若い人って　良く走る

C　　　　　Am　　G
若い人って　バカだけど

三、

G
おばちゃんって

Em
楽しそう

Am7
おばちゃんって

D7
良く笑う

Bm
おばちゃんって

Am7
良く眠る

C
おばちゃんって

Am　　　G　D7
バケモンだなぁ

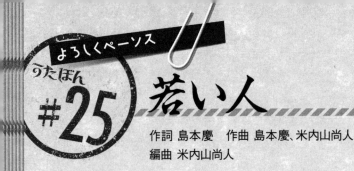

C　D7　G
サヨウナラ〜

三、
G　Em
山が笑ってる
C　G　Em
風も笑ってる

G　Em　Bm
お月様も雲のすき間から
D　D7　G
覗いて笑ってる

G　Em
狸だって笑ってる
C　G　Em
狐だって笑ってる

G　Em　Bm
ツチノコも丹波の篠山で
D　D7　G
キキキキッ！と笑ってる

Bm　Em　Bm　Em
何がそんなに可笑しいのかな
Bm　Em　Am　C△7　D7
何がそんなに嬉しいのかな

G　Em　Am　Em
どうせ明日は笑えないから
G　Em　Am
今を生きよう　今を生きよう
Bm　Am
ヨッパらって踊り狂って
C　D7　G
サヨウナラ〜

G　Em
オッパイ吸ってネンネして
Am　Em
ダッコしてエッチして
C　D7
また明日〜

カ・イ・セ・ツ・？

島本慶

考えてみりゃ人間なんていつおっ死んじまうかワカラナイんだから、今、この瞬間を楽しまなきゃという、かなり投げやりな曲です。でもその方が潔い気がします。

先の先、そのまた先を考えて生きるのって、何かいやらしい。性格の悪い奴って気がしてならない。猫なんて５分前のことを忘れても、人間より可愛いわけですから。

とはいえ、人間にも可愛い人はいっぱいいます。そんな人は明らかに今を生きている。これ以上酒を飲むとあしたのライブに影響するなんてこと考えると酒が不味くなる。明日は明日で、二日酔いでもライブが終った後には汗もかいて酒が抜けている。だから打ち上げで飲むビールこれまた旨い！

『いまを生きる』という映画がありました。ロビン・ウィリアムズが素晴らしい問答無用の名画、って、実は観てないんですけどね。だって邦題が御涙頂戴すぎるんだもん。配給会社のタイトルセンスのなさには怒り心頭ですよ。てめえら作品へのリスペクトはねえのかバカヤロー！　おっといけない。明日どうなるか分かんないんだし、今を笑って生きる方がいいよね。

Commented by **近藤哲平**

よろしくペーソス

うたぽん #26

今を生きよう

作詞・作曲 島本慶　編曲 ペーソス

一、

G　Em
空が笑ってる
C　G　Em
雲も笑ってる

G　Em　Bm
お陽様も雲のすき間から
D　D7　G
覗いて笑ってる

G　Em
犬も笑ってる
C　G　Em
猫も笑ってる

G　Em　Bm
ハクビシンも庭の植え込みで
D　D7　G
覗いて笑ってる

Bm　Em　Bm　Em
何がそんなに可笑しいのかな
Bm　Em　Am　C△7　D7
何がそんなに嬉しいのかな

G　Em　Am　Em
どうせ明日は笑えないから
G　Em　Am
今を生きよう　今を生きよう
Bm　Am　C　D7　G
ヨッパらって踊り狂ってサヨウナラ〜

二、

G　Em
空が泣いている
C　G　Em
雲が泣いている

G　Em　Bm
お星様も雲のすき間から
D　D7　G
覗いて泣いている

G　Em
新聞だって泣いている
C　G　Em
ラジオだって泣いている

G　Em　Bm
テレビだってCMのすき間から
D　D7　G
すすり泣いている

Bm　Em　Bm　Em
何がそんなに悲しいのかな
Bm　Em　Am　C△7　D7
何がそんなにくやしいのかな

G　Em　Am　Em
どうせ明日は忘れているから
G　Em　Am
今を生きよう　今を生きよう
Bm　Am
唄いまくってデングリ返って

C#m
呑気な生活スタイル

G#
居候

G#
ご主人も呆れけぇった

C#m
お人好し

B
呼ばれたら背中を流す

A
居候

A　　　　D#m7-5
奥様の背中は絶対

G#
流せない

F#m
お風呂では猫と残り湯

C#m
奪い合い

G#
その夜の最後のお勤め

C#m
風呂掃除

（語り）

カ・イ・セ・ツ・？

島本慶

居候って生き方、いいっすよね。何か人に甘えて生活するなんてスバラシイ気がします。居候できる家があるのも素敵だし、受け入れる方も余裕こいてて楽しそう。

面白いのは、居候している人の心根だね。もぉ気を使いまくるってのがいい。まぁそれが仕事といえば仕事なのかも知れません。ご主人の靴を磨いたり、猫のノミを取ったり。オキタソウジってやつ？　朝起きたらまず部屋の掃除。買い物の手伝いから犬の散歩、風呂を沸かしたり。まぁアレですな、家事の手伝い全般。

となるとご主人の留守に奥様と２人っ切りでいる時間が長い。まぁ問題はこれでしょう。一応男と女ですから、何があることやら？

ラテンの「チャチャチャ」のリズムを、なんとな〜く意識した曲。って言いながらタンゴっぽかったりもして、あくまでも本格的じゃないのがいいですね。この曲に登場する居候も、なんとな〜く居座っちゃったわけだし。語りが入る曲って、加山雄三の「君といつまでも」とか古今東西たくさんあるけど、ずっと語りが続いてそのまま終わるというのは革命的かも。

Commented by **近藤哲平**

よろしくペーソス

うたぼん #27

チャチャチャ居候

作詞・作曲 島本慶　編曲 米内山尚人

C#m
私の生活スタイル
G#
居候
G#　　　　　　　　　C#m
先輩のアーバンライフに居候

B　　　　　A
玄関の靴を揃える居候
A　　　　D#m7-5　G#
誰よりも早寝早起き居候

F#m
給料日は揉み手で
　　　C#m
ご主人お出迎え
G#
ワンちゃんの散歩はお任せ
C#m
居候

C#m
私の生活スタイル
G#
居候
G#　　　　　　C#m
先輩の家の二階の三畳間

B
猫ちゃんの蚤の取り役
A
居候
A　　　　　　D#m7-5 G#
休日は朝早くから草むしり

F#m
ご主人の靴を磨いて
C#m
居候
G#
奥様の肩は揉みます
C#m
乳揉まない

G　　　　　D
紙ヒコーキに折られて

Gm　　　　E　　　　A Bb A
空に向かって飛ばされました

D　　　　　A
「これがよく飛ぶのよ。

何でだかわかる?」

A　　　　　D
「落ちない領収書だからぁ～（笑）」

ええーい！この際、

タコ社長の頭に突き刺され！

あっ！　やっと落ちました。

カ・イ・セ・ツ・？

島本慶

私の場合、お願いしている税理士の先生に毎月の領収書を袋に入れて提出しています。でも仕事先の媒体によっては、取材費として領収書と引きかえに実費を頂く場合もあります。でもこのご時世、かなりキビシクなっておりますよホント。

私がルポライターしていて一番忙しかった頃、アポなし取材で客として使った経費は全部落ちてました。その分ヨイショ記事は一切ナシってのがウリで、読者の信頼を得ていました。

でも今は5000円前後に押さえてとか、地方取材はやらなくていいとか、とにかく経費が使えません。もぉ終わったかなぁ？　なんて溜め息が出てしまいます。それにしても、誰がこんなに不景気にしてくれたの？

バブル時代のエピソードって、信じられないものばかりです。カラの領収書を持っていけば会社が飲み代を出してくれるなんて。バブルを経験した島本さんが羨ましいなー。末井さんも。あ、でも末井さんはそんな時代のせいで億の借金を…まあ、色々あってもなんとか楽しくやれてる。そんな大らかな時代の空気を、大らかな曲調で歌います。

Commented by **近藤哲平**

よろしくペーソス

うたぼん #28

空飛ぶ領収書

作詞・作曲 島本慶　編曲 ペーソス

D A
日本経済氷河期で

A D
人の心は冷えまくり

D A
会社も先が見えなくて

A D
冷たい風が吹いている

G D
それでも地球は温暖化

Gm E A B♭ A
激しい雨に襲われて

D A
ドッカンビカビカ雷が

A D
近くに落ちるけど

D A
落ちるに落ちない領収書

A
たかだか5000円!

D
消費税込み!

D A
居酒屋さんで打ち合わせ?

A D
経理のオバちゃん太い二の腕

「わかってないわねぇアンタ!」

「上様じゃダメなのよ今時!」

「日付が入ってないでしょうよ!」

「いつも同じ店じゃ

可笑しいでしょう!」

「ちゃんと人数

書いてもらわなきゃ!」

「アンタの字でしょ!

ワタシにはわかるのよ!」

四、

D　　　G
ゴール寸前

Em　　　　　　Bm
最後の力を振り絞れ

A
止まるな止まるな　それ行け

　　　　　　　Bm
今行け　すぐ行け

A　　　D　　　A　　　　D
みんなが集まり声を枯らして

A　　　D　　F#
叫びまくってる

G
苦しい苦しい

D　　　　　　　　A　　　D
やれ行けそら行けばんえい競馬

G　　　　　　D
一発逆転　スッコケたって

A　　　　　D
お前に賭けるさ

G　　　　　D
世界で一番　重くて遅いよ

A　　　　D
ばんえい競馬

G
世界で一番

D
楽しいレースだ

A　　　　D
ばんえい競馬

カ・イ・セ・ツ・？

島本慶

これはもぉ、帯広の輓曳競馬の応援歌です。毎年、私どもペーソスを帯広に呼んで下さる方がいて、その方に依頼されて作った曲です。ですからまぁ帯広競馬場へ毎年行ってます。嬉しいことに、「ペーソス北海道ツアー記念杯」なんてレースを組んで下さり、レース終了後のセレモニーにも参加させて頂いてます。

それにその方、Uさんは馬主もやってらして、○○ペーソスという馬を２頭所有されている。私どもその２頭が出たレースは応援しまくりです。

そのせいか、東京での競馬熱が冷めてしまいました。毎年帯広でやればいいやって気分？　そういえば麻雀もやらなくなったなぁ。お爺ちゃんになっちゃったのかなぁ？

北海道帯広のばんえい競馬のために書き下ろした曲。体重が1トンもある馬に人が乗ったそりを引かせるので、子供が走るくらいのスピードしか出ないという、一風変わったレース。ペーソスの名前を冠した馬が二頭活躍中。意外と難しい曲なので、僕はパーカッションでテキトーにごまかしています。あ、これ内緒でお願いします。

Commented by 近藤哲平

ばんえい讃歌

作詞・作曲 島本慶　編曲 ペーソス

一、

D G
パドック見渡し

Em Bm
馬とジョッキーの呼吸見る

A
毛艶に踏み込み

Bm
落ち着きをチェック

A D A D
ベテランジョッキーは安定感だが

A D F#
気になる馬体重

G
活きの良さなら

D
若手のジョッキーだ

A D
ばんえい競馬

二、

D G
スタート切れば

Em Bm
200メートルまっしぐら

A Bm
第一障害　横一線

A D A D
中間地点でちょいと休んで

A D F#
スタミナ回復

G D
熱い声援　期待に応える

A D
ばんえい競馬

三、

D G
第二障害

Em Bm
地獄の1.6メーター

A
天気の良い日は

Bm
超えてもバテバテ

A D A D
雨や雪なら先行出来れば

A D F#
逃げ切れるかもね

G D
あと一息だ　力の限り

A D
ばんえい競馬

B　F#
※千の数かぞえても
B
眠れない

F#
真っ暗だけど
B
生きてりゃ腹も減る！

E
疲れる疲れる疲れる
F#　B
数え歌〜♪

E
歌う方も疲れる
聞く方も疲れる
F#　B
疲れる数え歌〜♪
E
疲れたおやぢは
F#　B
さっさと風になれ〜

カ・イ・セ・ツ・？

島本慶

昔っから有りますよね、数え唄って、だいたいエッチな歌が多いような気がします。でもこの曲は真面目なオヤジの歌です。なにしろ私どもが気がつけているのはコンプライアンスですから。違うか。

数を数えれば眠れるといったアメリカ漫画の影響でしょうか。日本だと数を数えるのは浴槽に入った子供ですよね。千まで数えたらのぼせておっ死んでしまいますけど、逆に数えるのはロケット発射かな？　数える間も無くイッちゃうのが早漏って、いったい何の話をしてたんでしたっけ？

でもねぇ。始まり有れば終わり有りってね。あんまり数を数えるのもねぇ。何となく歳のことが頭に浮かんで溜め息出ちゃう。

子供のころ好きだった数え歌は「いっぽんでもニンジン」です。今でも少し歌えます。数え歌ってなんかキャッチーで、覚えやすいんですよね。ペーソスの数え歌に出てくるのは、意固地で偏屈でむさ苦しくて、不整脈で腰痛で糖尿の男。おまけに見かけだおし。まったくいいとこない。これが記憶に残ってもなー。でも、将来こうならないように、っていう戒めになるかもね。

Commented by 近藤哲平

よろしくペーソス

うたぼん

#30 疲れる数え歌

作詞·作曲 島本慶　編曲 ペーソス

一、

B
ひとつ　他人より背が低い

F#　　　　　B
ふたつ　不整脈

E　　　　　　　　　B
みっつ　見かけ倒しです

F#　　　　B
よっつ　腰痛

Em　　　　　　B
いつつ　依怙地で偏屈で

F#
早くて短く

　　　　　　　　B
中途半端でゴメンネ

E
疲れる疲れる疲れる

F#　　B
数え歌～♪

二、

B
むっつ　むさ苦しくて

F#　　　　　B
ななつ　撫で肩で

E　　　　　　　　B
やっつ　やること何も無い

F#　　　　B
ここのつ　心の無い男

Em　　　　　　B
とうで　とうとう糖尿に

F#
メシ喰って疲れて

　　　　　　B
眠って疲れます

E
疲れる疲れる疲れる

F#　　B
数え歌～♪

三、

B
じゅういち　はイレブン（入れ歯）

F#　　　　　　　　　　B
じゅうに（十二）指腸潰瘍

E　　　　　　　　　　　　B
じゅうさん(十三)階段のぼる夢

F#　　　　　　　　　　　B
じゅうしん(重心)ずれてます

Em　　　　　　　B　　F#
じゅうご　十六　十七と

F　C
思い出せるなら　すぐに始めよう

Bb　C　F　Bb
たとえ叶わぬ　夢だとて

F　C　F　C　F
歌い続ける　ワーキングブルース

Dm　Am　C
どうせアノ世でゆっくり休める

Dm　C
休みまくって空に帰る

Bb　F　Dm
生まれ変われるものならば

C　F C F
も一度アナタと出会いたい

五、

F　Bb
仕事が有れば　働き続けるさ

F　C
働き続けてりゃ　ボケちゃいられない

Bb　C　F　Bb
歌い続けろ　しわがれ声で

F　C　F　Bb
歌い続ける　ワーキングブルース

F　C
歌い続ける

F　C　F
ワーキングブルース

F　F Bb
定年　定年　定年

C　F
定年　定年

F　F Bb
定年　定年　定年

C　FonA ConBb F
定年　定年

カ・イ・セ・ツ・?

島本慶

この曲を歌っていると、お客さんの中に時々グサッと刺さる人がいるみたいです。そう、定年退職を迎えたオヤジさんたちです。私の父の時代は55歳が定年でしたが、今は60歳。父は長い間サラリーマンをしていて、定年を迎えた途端、ボケてしまいました。

まるで時計の針が一気に進んだように。でも私はもぉ今年で67歳ですよ。ジワジワッと物忘れが始まってますが、まだまだ働かなけりゃ生きてゆけません。

歌はいいみたいですよ。でもねぇ、歌詞が覚えられない。譜面台を立ててそこに歌詞を置いています。まるで楽譜を置いてあるように装って、バレバレ?　それにしてもいつまで働けばいいのか?　年金安いしなぁ。

古い讃美歌「Amen(アーメン)」の歌詞を「定年(テーネン)」に替えて歌う、人生賛歌。ライブの最後を飾る定番曲で、ペーソスとしては直球ストレートなナンバー。なんだよあいつら普段ヘラヘラしていい加減そうに見えるけど意外に真面目でいいとこあるじゃん、て感じ?この曲の歌詞のように、まだまだ歌い続けてください、島本さん。

Commented by 近藤哲平

よろしくペーソス

うたぼん #31

老人のための労働歌

作詞・作曲 島本慶　編曲 米内山尚人

定年　定年　定年

定年　定年

F　　　　F Bb
定年　定年　定年

C　　F
定年　定年

一、

F　　　　Bb
仕事が有れば　働き続けるさ

F　　　　C
働き続けてりゃ　ボケちゃいられない

Bb　C　　F　　　　Bb
歌い続けろ しわがれ声で

F　　　C　　　　F　C　F
歌い続ける　ワーキングブルース

二、

F　　　　Bb
老いた体でも　歩き続けるさ

F　　　　C
歩き続けてりゃ　汗も流れるさ

Bb　C　　F　　　Bb
酒も旨いし　歌いたくなる

F　　　　C　　　　F　C　F
歌いたくなる　ワーキングブルース

Dm　　　　Am　　　C
どうせアノ世じゃ眠りっぱなし

Dm　　C
眠り続けて空に帰る

Bb　　　　F　　　Dm
アノ世に仕事があるのなら

C　　　　　　F C F
ちょいとパートで働くさ

F　　　　F Bb
定年　定年　定年

C Dbdim　Dm
定年　定年

三、

F　　　　Bb
働ける限り　生きてる限り

F　　　　C
定年迎えても　就活し続ける

Bb　C　　　F　　　Bb
立ち止まったら　ハイそれまでよ

F　　C　　　　F　C　F
歌い続ける　ワーキングブルース

四、

F　　　　　　Bb
やり残したことを　忘れていたことを

B♭ F
も あるきつづけるさ あるきつづけてりゃ
C B♭ C F
あせもながれるさ さけもうまいし うたいたくな
B♭ F C F C F B Dm
る うたいたくなる ワーキンブルース どうせあの世じゃ
Am C Dm C
ねむりっぱなし ねむりつづけて そらにかえる
B♭ F Dm C
あの世にしごとがあるのなら ちょいとパートではたらく
F C F C F F B♭ C D♭dim Dm
さ てーねん てーねん てーねんてーねんてーねん

老人のための労働歌

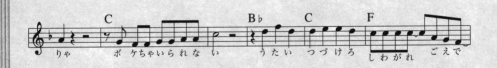

3
て ーねん て ーねん て ー ねんてーねんてーねん
C
F F B♭ C F
て ーねん て ーねん て ー ねんてーねんてーねん
A
F B♭ F
しごとが あれば はたらきつづける さ はたらきつづけて
C B♭ C F
りゃ ボ ケちゃいられない うたい つづけろ しわがれ ごえで
B♭ F C F C F
うたい つづける ワーキン ブルース
2A
F
老いたカラダで

押さえよう！　ペーソスシステム

前述のように、ライブにメンバー全員が常に揃うことが前提とはされていないペーソス。とはいえ、最小ユニットはボーカル＋ギター＋専属司会の3人。この3人最小ユニットをチームB、対して5人フルメンバーをチームA、チームBにサックスの入った状態をチームS（末井入り）、同じく近藤の入った状態をチームK（近藤入り）と以前はよく称していたが、このところはそのまま末井入り、近藤入り、と表すことが多いようだ。いずれも4文字、わかりやすさをとったのか理由はべつにあるのかは不明。で、このページでなぜペーソスのチーム、ユニット話を始めたかというと、写真のギターを奏でるスマイリー氏。この姿を見られるのはほぼ最小ユニットの時、ということをいわんがための長い前置きでした。フルメンバーのライブに足を運びたい管楽器好きでなければ、＋α弦付最小ユニットも是非お試しあれ。

西荻窪・Bar HANAにて。こちらでのライブは基本チームBで行われる。

鈴・シェイカー・鳥笛

井原さんがクールに演奏する、鈴とたまご型シェイカー。右下は、鳥の鳴き声の出るバード・コール(鳥笛)。ちなみに、フランス製でございます。

メタル・ギロ

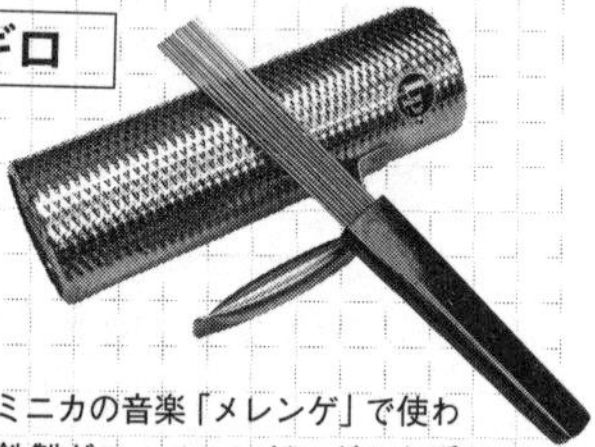

南米ドミニカの音楽「メレンゲ」で使われる、鉄製ギロ。メレンゲ・ギロと呼ぶことも。ちなみに、ペーソスにメレンゲの曲はひとつもありません。

ほかにもまだまだ…

近藤さんの「スプーン」はじめ、スマイリーさんの「波の音発生器」「ニワトリ」などなど、ビジュアル的にも役割的にも気になるアイテムが登場するペーソスライブ。どの曲のどの部分でどう演奏するのか、会場に足を運んで確かめてみよう。

ウッドブロック

ウッドブロック。子供の楽器と思われがちですが、あなどれません。見た目もキャッチーだし、音もポコポコと効果的で、意外と出番が多いんです。

文（楽器紹介）：近藤哲平

Visual Column

ペーソスさんのパートナーたち2

島本さんの歌詞集

歌詞が覚えられず、いつも詞を持ち歩いている。すでに100曲を超えているので、持ち歩くのは大変。しかも小さな文字だと見えないので、大きなノートになっています。でもこれがペーソスですからしょうがない。

島本さんのハーモニカ

ハーモニカは何個も持っています。でもいつも無茶くちゃ、吹くのでスグに壊れてしまう。おまけに無くすことも多いので大変。誰かくれる人いないでしょうか？

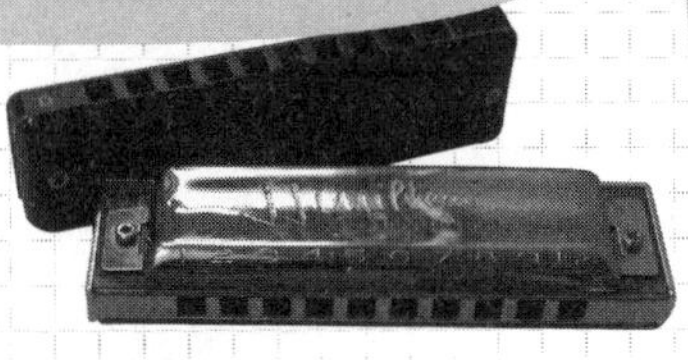

シェイカー

ドイツ製のシェイカーです。いいシェイカーです。使いやすくて、とてもいい音がします。これを振ってるときの末井さんはとても楽しそうです。

ペーソスいろは歌留多

スマイリー井原　作
島本慶　イラスト

た　立っていたら鼻水
——やっぱり、出ちゃうんだなぁ

れ　礼に始まり例のヤツで終わる
——霧雨の北沢緑道

そ　袖擦り合うと多少傷む
——何度も擦ってるとテカテカになるよ

つ　爪に西日をともす
——明日は他人同士になるけれど

ね　猫にカバン
——持ってもらえると助かる

な　泣きっ面のガキ
——昔、駄菓子屋によくいた

ら　楽あればクリア
——楽なのが一番！

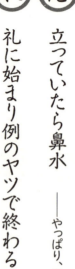

む
無理が通ってどおりで引きこもり
——社会問題ですなぁ

う
馬の耳に乾物
——スルメを競走馬の耳に付けると強そうに見える

ゐ
胃の中で飼わず大海のシラス
——成長したら困るし

の
のど元過ぎれば味を忘れる
——何を食べたかさえ、すぐ忘れる

お
鬼にカナブン
——たぶん嫌がると思う

く
臭いものが歌
——歌いながらガスを漏らす島本慶

や
安物買いでヘリ失い
——やっぱり安いヘリコプターじゃダメだ

ま
負けるはガチ
——勝てないでしょ、たぶん、誰にも

ペーソスいろは歌留多 け〜す ↓ 214頁へ

スマイリーの
Column 2
＼歌留多だョ！／全員集合

書籍は32ページの倍数で作ると用紙の無駄なく合理的なので、余りが生じることもあり、テキトーな記事を突っ込んで埋めることが必要になる場合があります。本稿は、そうした「埋め草」ですので、悪しからず。

月間活動を編集記録

サックス

末井昭さんに聞く

「ペーソス新聞」の裏表事情

ペーソスのライブ会場に足を運ぶお楽しみのひとつが「ペーソス新聞」。A4判4ページの月刊。現在の構成は左ページの通りです。

編集・デザインを担当するのは日本の雑誌史にその名を残す名編集長、そして現在はペーソスのサックス奏者としても活躍する末井昭さん。ここではさりげなく実は贅沢な「ペーソス新聞」にまつわるお話をうかがいました。

***

—まず「ペーソス新聞」の毎月のおおよそのスケジュールについて教えてください。

原稿締め切りは月末で、次の月の2日か3日までにレイアウトを完了して、その3日後ぐらいに印刷が上がります。月初めにライブが入っていると、全体が前倒しになります。

—ライブ会場以外でも入手は可能なのでしょうか。

ツアーでお世話になっている方々が地方にいらっしゃるので、その方々には送っていますが、基本的にライブでしか配布していません。

—現在のスタイルに落ち着いたのは？

最初はA4のペラだったのですが、ただのチラシみたいだったので、次号からA3を2つ折りにして4ページの新聞にしました。コピー機でプリントしていたので、A3サイズが限界ということもあったし、それぐらいが丁度いいんじゃないかということで、サイズは以後変わっていません。2014年7月号からオールカラーにして、某出版社のカラーコピー機を使わせてもらっていたのですが、それも限界になり、現在は簡易印刷しています。

—現在まで製作されてきて特に記憶に残っている号についてお聞かせください。

ペーソスのツアーで一番印象に残っているのが、2014年9月の沖縄ツアーです。興行的には厳しかったのですが、沖縄で一番オシャレなライブハウス「カフェ・ユニオン」に出演したり、商店街

ペーソス新聞 vol.1
2013年 2月号
「ペーソス新聞」発刊の意味
おやぢの情報ギアは新聞である
MajiX
宵の口から、ホッピーを飲みながらペーソスを生で聴きつつ、もつ焼きに舌鼓みを打つ!!!
ペーソス居酒屋ディナーショウ!!
2月23日（土）夕刻4時30分開場・5時スタート、7時まで。
2月20日（水）新橋・ZZ
出演：ペーソス／ミケマドカ
2月24日（日）横浜・FRIDAY
出演：ペーソス／Half Moon
OPEN：PM6時 START：PM7時50分

末井さんいわく「ただのチラシみたいだった」2013年2月号（vol.1）がこちら。

「ペーソス新聞」ざっくり構成紹介

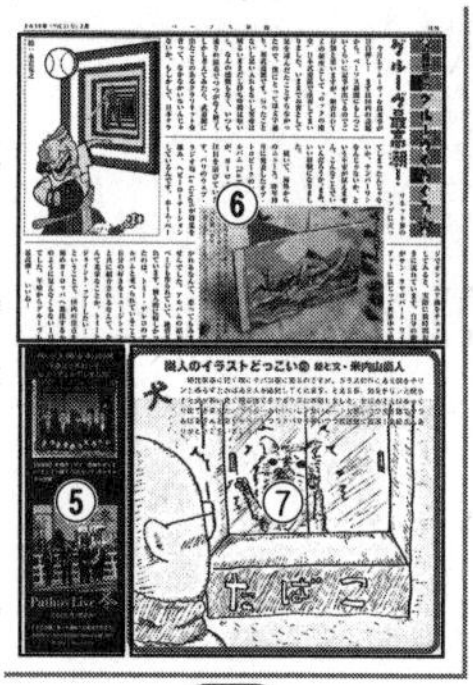
3面

2面

1面

4面

①巻頭＝一面記事は前月のペーソス関連ニュースからピックアップしたホットなネタを専属司会スマイリー井原が解説紹介。読み足りない人はペーソス公式サイトの「必ず!!週刊スマイリー通信」もどうぞ。ちなみに記念すべきvol.1（→Ｐ136写真）のこの欄は、『ペーソス新聞』発刊の意味、として「おやぢの情報ギアは新聞である」でした。②しりあがり寿氏による「ペーソスさん」。大手新聞で4コマ漫画連載を手がける作家による超豪華連載。③末井昭「ペーソスな日々」は徒然日記連載。④月刊ライブスケジュール。⑤CDや著作などバンド＆メンバー関連のリリース告知は各ページのすき間にも。⑥グルーヴィな出来事にまみれる「近藤哲平のグルーヴぐるぐる」。　⑦米内山尚人の絵と文による「尚人のイラストどっこい」。⑧島本慶の絵と文による「東京湯巡り、徘徊酒」。⑨同じく島本慶の4コマ漫画「ダルマチック」。A4判4面の新聞に4コマ漫画2本連載、ゴージャスですね。

で演奏したり、竹富島のコンドイ浜でPVの撮影をしたり、思い出に残るツアーでした。２０１４年10月号でスマイリーが2ページに渡ってレポートしています。

２０１６年の2月23日、西麻布の音楽実験室・新世界で、安斎肇さんやしりあがり寿さんのバンド・ＯＢＡＮＤＯＳとジョイント・ライブをしました。そのとき、しりあがりさんにペーソス新聞を渡したら「漫画描きますよ」とおっしゃったので、２０１６年の３月号から「ペーソスさん」を連載してもらっています。この４コマ漫画が入って、ペーソス新聞のグレードが上がったように思います。

――新聞に対するうれしかった感想、また個人的にやっていてよかったなと思われることはなんでしょう。

お客さんからクオリティが高いと言われた時は嬉しかったです。手作りフリーペーパーとしては、結構クオリティー高いんじゃないでしょうか。

もともとグラフィックデザイナーの端くれのような仕事をしていて、雑誌の編集者になってからも表紙デザインや本文

2016年のＯＢＡＮＤＯＳのライブの模様。
大人気！ 写真：「ペーソス新聞」より。

レイアウトは自分でやっていました。デザインが好きなんです。

文章を書く仕事が多いですけど、あまり向いてないのか、すぐウツウツしてきます。そういう時にペーソス新聞をレイアウトすると、気分転換になります。

あと、バックナンバーを見るとペーソスの歩みがよくわかります。もう6年半も続いていますから。

——執筆などがお忙しい時「ペーソス新聞」に対して何か思われることは？

原稿が遅れていてイライラしながら月末を迎えた時、こんなクソ新聞、引き受けるんじゃなかったと思いながらレイアウトしてますね。でも出来上がると嬉しいんですけど。

島本さんは、大胆に手抜きすることがありますけど、僕は原稿もデザインもそれが出来ないんです。だからどうしても時間がかかってしまうんですけど、最終的に遅れたことはほとんどありません。

——個人的に楽しみにしている記事（メンバー連載）を教えてください。

近藤哲平さんの「グルーヴぐるぐる」は毎回面白いですね。哲平さんは文章がうまいし、シニカルなところもあって、毎回楽しみにしてます。

——では、特に記憶に残っている記事、印象深かった記事は？

加藤克明さんは、２００５年に初めてペーソスのライブを見て、それからほぼ毎回見に来てくれるようになり、いつの間にかペーソスの仲間になってマネージャーまで買って出てくれた人でした。70を過ぎても元気だったのですが、２０１７年の1月にコロッと亡くなりました。スマイリーが書いた加藤克明さんの追悼記事はジーンとくるものでした。

哲平さんの連載が始まって、僕が書いている「ペーソスな日々」は、3面から2面に移りました。2面はライブ・スケジュールが入るので、スケジュール表の合間を埋める感じで書いているのですが、２０１９年5月号はライブが少なく結構スペースが空いたので、昔、女装して『パチンコ必勝ガイド』のテレビCMに出ていたことを書きました。写真もたくさん入れたので結構面白かったんじゃないかと思います（自画自賛ですが）。

余談ですが、島本さんの連載「東京湯巡り、徘徊酒」は、毎回同じパターンで6年続いていますが、あれは文章ではなく島本さんの音楽だと思っています。

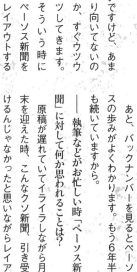

『にっぽんのペーソス』刊行記念
特別大収録!!

しりあがり寿 presents
ペーソスさん

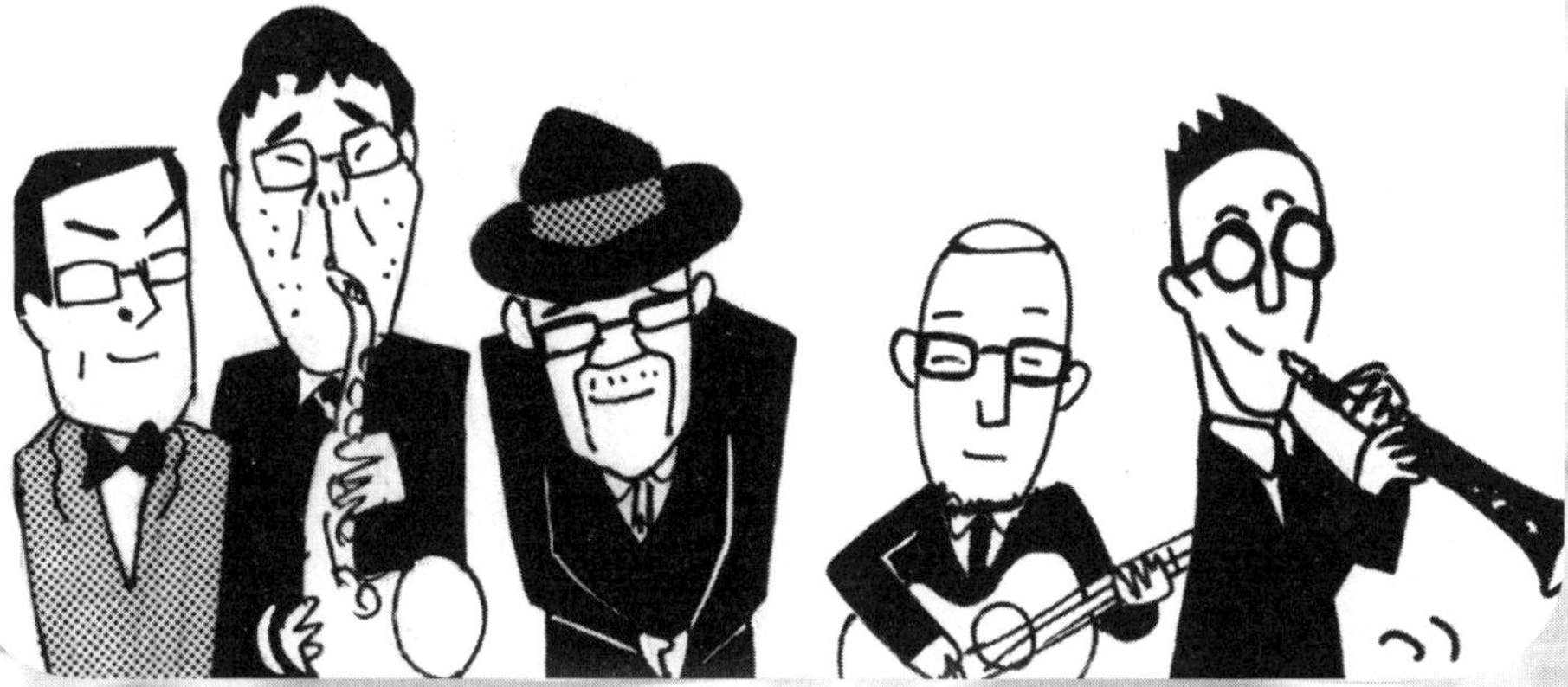

「ペーソス新聞」2016（平成28）年3月号（vol.36）-
2019（令和元）年6月号（vol.75）に連載された、
それぞれの時期のペーソスメンバーの動向＆
ハートウォーミング（?）なエピソードを垣間見られる
珠玉の40作を一挙再録！

こちらもCheck!

「ペーソスさん」作者・しりあがり寿×ペーソス末井昭スペシャル対談→P160

ペーソスさん

しりあがり寿

2016（平成28）年3月号①

2016（平成28）年4月号②

ペーソスさん

いしあがり寿

2016（平成28）年5月号③

2016（平成28）年6月号④

ペーソスさん

いしあがり寿

2016（平成28）年7月号 ⑤

2016（平成28）年8月号 ⑥

ペーソスさん

いあがり寿

2016（平成28）年9月号 ⑦

2016（平成28）年10月号 ⑧

2016（平成28）年12月号⑩

2016（平成28）年11月号⑨

ペーソスさん

いあがり寿

ペーソスさん

いしあがり寿

2017（平成29）年3月号⑬

2017（平成29）年4月号⑭

2017（平成29）年5月号⑮

2017（平成29）年6月号⑯

ペーソスさん

いしあがり寿

2017（平成29）年7月号⑰

2017（平成29）年8月号⑱

ペーソスさん

2017（平成29）年9月号 ⑲

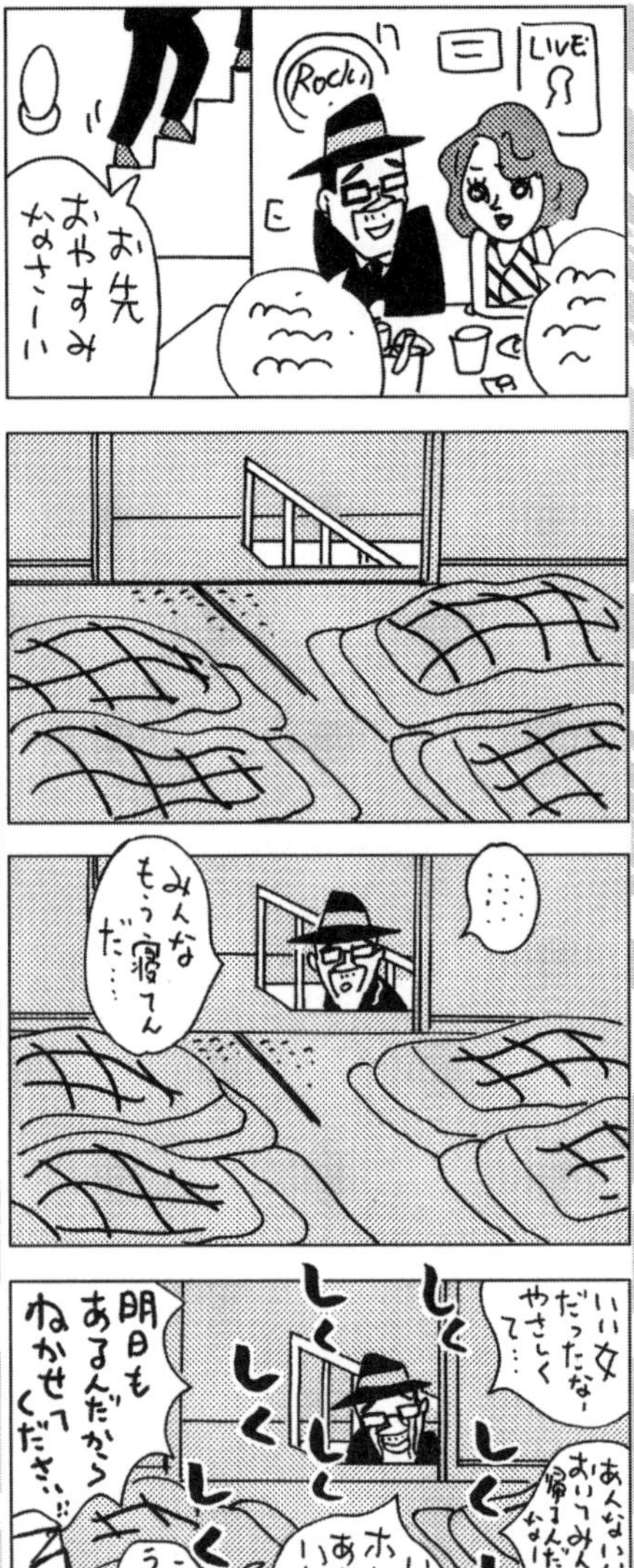

2017（平成29）年10月号 ⑳

ペーソスさん

いしあがり寿

2017（平成29）年11月号㉑

2017（平成29）年12月号㉒

ペーソスさん

いあがり寿

2018（平成30）年1月号㉓

2018（平成30）年2月号㉔

ペーソスさん

しりあがり寿

2018（平成30）年3月号㉕

2018（平成30）年4月号㉖

ペーソスさん

もしもし オマエ？ ちょっと悪いんだけどさ
どうしたのよ？
ぱくぱく
オレ、家にケータイ忘れてない？
今は何からかけてるの？
もぐもぐ
プ
ア〜ン
いつの間にできたんだ？
プププー
知らないわよ

シャルルアズナブールという私の大好きな歌手がケガをして
コンサートが延期になりましたが
私はよっぱらって転んで血だらけになっても
このようにライヴはキャンセルいたしません
なんともみあげたマジメさではございませんか……
ではせっかくなのでシャンソンで……
いっそ延期になってチケット誰かに高く売れればな……
枯れ葉よお〜♪

ペーソスさん

しりあがり寿

2018（平成30）年7月号㉙

2018（平成30）年8月号㉚

ペーソスさん

しりあがり寿

ペーソスさん

2019（平成31）年11月号 ㉝

2019（平成31）年12月号 ㉞

ペーソスさん

オリンピックのスタジアムに聖火台忘れてたって
ワイ～
マジすか!!
ワイ
ものを忘れがヒドすぎでしょ
あちゃ
もう国全体がモーロクしてんだよ
がや
それにしても聖火台がないって…ねー
がや
あー
そうねー
いったいどこのオリンピックよ?
何言ってんすか だからそのあのあれ出てこない!!
ロンドン終わったっけ?
東京です
東京!!
ワイ・ワイ
あのなー
えー結局東京でまたやることになったんだ
でね…そのスタジアムに聖火台を忘れててさ
ワイ
ワイ
マジすか!!
ワイ
ワイ
あちゃー
モノ忘れがヒドすぎでしょ

あれー、リュックまちがって持ってかれちゃったよー
じゃごちそうさまー
ペーソスさんだ
はっ
最近ペーソスさんよく飲むからなー人のリュックまちがえたんだな
追いつけるかなー
シャー
はっペーソスさん
うううう…
よかったーリュック無事だったー
おーい
シャー

ペーソスさん

いはあがり寿

2020（平成32）年3月号㊲

2020（平成32）年4月号㊳

ペーソスさん
いしあがり寿
みなさま本日はおこしいただきあり…
MCはじまるとけっこう長いよね
立ってるのキツイんだよね 年だし…
1時間が限度だな…
そもそも我々ペーソスは……
おたがいよっかかるってどう？
あ、ラク？ これなら長く立っていられるかも
……
……
……
あっこれラク!!
いつまでもMC続けられる!!
……
黒づくめのペーソス…夏はキツイ!!
しかしこれこそがダンディズムなのだ
もう夏は浴衣にしましょうよ浴衣!!
……
……
アロハでいいんじゃないですか？
Tシャツ もう Tシャツ
そこまでいったらフルチンでしょ!!
ウケますよー 笑われてなんぼ!!
そしてアメリカの音大出の男が一番お笑いに向いてたりしてて
プー!♪
!?

スペシャル対談Ⅱ

しりあがり寿×末井昭 ペーソス

「ペーソス新聞」に4コマ漫画「ペーソスさん」を連載、つかず離れずペーソスを見守り続け、その“今”に詳しいしりあがり寿氏。そんな氏に、ペーソスの未来に期待することなどをうかがいました。

しりあがり寿×ペーソス 末井昭

二枚目の線を どこまでも行かないバンド

末井昭（以下、末井）　しりあがりさんに最初にペーソスを見ていただいたのは――いつ頃でしたかね？

しりあがり寿（以下、しりあがり）　そもそもは、青林工藝舎の株主総会というのがあって、初めて見たのはそこだったと思うんです。

末井　ああ！　ありましたね。

しりあがり　そうそうたる顔ぶれが集まる大株主総会で、そのお開きの場だったと思うんですよ。その頃はペーソスさんはギターお1人で。

末井　前のギターの時だったんですね。その頃僕は準レギュラーで、気が向いた時だけ行くという（笑）。

しりあがり　なんか、ショボクレてるなーって思ってましたよ、いい意味でね。存在がショボクレてるうえに曲もショボクレてるなって（笑）。普通そういう場合、曲だけは妙にロマンチックだったりするじゃないですか。

末井　音楽っていうのはだいたい二枚目なんですよね。僕らはそのへんが欠片も無いというか、それはやっていて嫌になる時があるんです。

しりあがり　（笑）。

末井　だからサックスでちょっと二枚目をやっている時があるかもしれない。だから僕はペーソスの中でアローンな気持ちでいたんです。

しりあがり　ペーソスはもともと、島本さんが一人でやっていた時期があるんですよね。

末井　写真家の荒木経惟さんの忘年会や撮影の打ち上げで毎回カラオケをしていて、そこでは荒木さんは歌わないで人の歌を聞いて批判をするんですけど（笑）。島本さんはムード歌謡が好きで、いつもあまり人が知らないような歌を歌っていたんですね。

しりあがり　ええ。

末井　それを聞いていて荒木さんが、お前は50になったんだから、自分の歌を作って歌え、ってムチャぶりというか、そんな提案をしたんです。そこでまあ島本さんはその言葉を真面目に捉えて、考えて作り出したのがペーソスのデビュー曲でもある「甘えたい」という歌です。高校時代の同級生にギターが弾ける人がいたので2人で始めたんです。

しりあがり　そうなんですね。それはいつ頃？

末井　２００２年からですね。

しりあがり　一応21世紀になってから。

末井　そうですね。

しりあがり　その2人でやっていたところに末井さんが入られたわけですか。

末井　最初は聴いていただけだったんですね。2人の邪魔をしちゃ悪いと思って加入は考えていなかったです。僕のサックス邪魔なんだもん（笑）。今は合わせていますけど、最初の頃は突入するみたいな感じで（笑）。

しりあがり　僕がちゃんとペーソスを観たのは末井さんが入ってから……どこが最初だったかな。

末井　ペーソスが初めて一般の人たちの前で歌ったのは、僕が東京で初めて興行というものをやった時だったと思います。大西ユカリと新世界という大阪ですごくウケているバンドだったんですけど、大きなキャバレーでやってる時、観に行ったらハマっちゃって。キャバレーがまたそのバンドの世界に似合うんですよ。それで新宿歌舞伎町に以前あったコマ劇場、その上に「クラブハイツ」っていう大きなキャバレーがあったんで、そこを借りてやったんですけど、その時に前座でペーソスに出てもらったんです。その時のメンバーは司会と前のギターとの3人でしたね。

僕がその時にまず思ったのが、
とにかくこのバンドを紅白（歌合戦）**に**
出さなきゃ、ってことだったんですね

——しりあがり寿

いいなと思ったのは
ペーソスの「リアル」

しりあがり　そうですか。いや、でもその前に何か機会のあった時に観てるはずなんだけどな……。先ほど話の出た青林工藝舎の時は小ぢんまりし過ぎててショボクレ感しかなかったんですけど。末井さんが入って現在に通じる形が整ってから観た時に、いいなって思ったんですよ。

　僕がその時にまず思ったのが、とにかくこのバンドを紅白（歌合戦）に出さなきゃ、ってことだったんですね。今の紅白を観ていると、なんだかお爺さんたち世代に向けられた演歌は昔のことばっかり歌ってるし、子供たち、若い世代はそちらはそちらでまったくわけのわからないことを歌っていて、全然リアルじゃないなって思っていたので。ペーソスの歌は、やっぱり高齢化社会のリアルなの（笑）。

末井　いいですよね、中継とかNHKにしてもらえればね、居酒屋でね。

しりあがり　ペーソスのバックでスクールメイツが躍るのがいいかなって（笑）。

末井　孫みたいな人たちがね。でもスクールメイツってまだあるんですか。

しりあがり　わからないです。今なら3DCGのスクールメイツもありそうですね。って、それはどうでもいいんですけど、でも「福島クダラナ庄助祭り」にペーソスが来てもらえてよかったです。震災1年でまだまだ爪痕があったりして大変な時に、血糖値の歌を歌われるのが。そういう問題じゃないじゃないですか。

末井　「島の黄昏」という歌があって、地震の揺れが心地よく、～って歌詞があるんですよね。どうしようかと言いながらそのまま歌ったようですが。

しりあがり　「福島クダラナ庄助祭り」っていうのはそもそも、福島在住のミュージシャンの人が、みんな深刻すぎるんで、くだらない日が欲しいって言ってきたことから始まったんですよ。確かにみんな笑いたいんだよね。クダラナイって大切だなーって思って。お金も無いのでタダで来てくれる人を募ったんですよ。そうしたら末井さんが手を挙げてくださって。

末井　「クダラナ庄助祭り」は打ち上げがすごいんですよね。大きな旅館を借り切って、大広間で飲んだり踊ったり。

しりあがり　踊ったり（笑）。

末井　楽しかったですよー。すごい数のミュージシャンの方が来てたな。みんなバスで来たりして。1回目がすごかったですね。

しりあがり　そうですね。あの宴会で久しぶりに、20年ぶりぐらいに素っ裸になる人を見ましたからね（笑）。

しりあがり氏は日本で最もペーソスの小ネタに精通？

末井　その後かな、新世界っていう六本木の自由劇場の跡にあったライブハウスでしりあがりさんのバンドと一緒に演らせてもらって、その時に、（「ペーソス新聞」に）漫画を描いてくれるって、しりあがりさんがポロっと仰ってくれたんです。

しりあがり　言ったかどうかわからないけど、聞こえたらしいんですよ（笑）。

末井　確かに聞こえて。それから毎月描いてもらって。タダで（笑）。

しりあがり　でもネタはいつもペーソスさんからいただくんですよ。自分で考えなくて済むというか。

末井　まあバンドのことで、しりあがりさんはご存知無いこともあるので、僕らで簡単なネタを考えてお送りして、それをアレンジしてもらっているんです。

しりあがり　そのネタが楽しみなんですよね。ペーソスってこうなんだって（笑）。

末井　だいたいが情けない話ばっかりで、島本さんが酒飲んで道でひっくり返って血だらけになってたりとか（笑）。北沢緑道で真冬に酒飲んで寝てしまい、ジョギングしている若者に起こされて命が助かったっていう話とか。

しりあがり　ペーソスが人助け、みたいな話も描きたいですけど。

末井　そういうネタはなかなか無いですよね。それにしても……40本以上になりますね。描いていただいて3年半ぐらいですか。締まるんですよね、入ってると。昔の新聞みたいに、左肩の上にね。

しりあがり　でも裏を見たらちゃんと島本さんの漫画が入ってますよね。

末井　あれはスポーツ新聞風に（笑）。でもあの新聞、作るのに1日かかるんですよ。けっこう忙しい時大変なんです。

しりあがり　すごいですよね、描いて2～3日で郵便が届いたりするんですよ。

末井　あれは印刷だと間に合わないので、コピーをとってしりあがりさんのところに送るんです。

しりあがり　さすが、敏腕編集者だなって思って。

末井　いえいえ。でも新聞の漫画って毎日描いてるんですよね。大変ですよね。

しりあがり　夕刊が無くなったら無くなりますけどね。でも末井さんってなんでこんなふうにペーソスに力を入れてるんですか?

末井　いや別に力を入れているわけではないんですけど、まず新聞をやろうって言いだして、レイアウトできるのが僕ぐらいなので、僕ってわりと責任感が強い方なんで、やるとなるときっちりやるのでね、みんなが各自連載しているんで。

しりあがり　白夜書房を辞められたのはペーソスのためだとか。

末井　それはないですね（即答）。

しりあがり　（笑）。

末井　やっと辞められたって感じですけど。やめるチャンスがあったんです。

しりあがり　辞められる時って大変だったんですよね?

末井　役員だったんですけど、だからまあ定年は無いんですね。それまでも辞める辞めるって何回も言ってたんですけどなかなか辞めさせてくれないというか……。

以前、しりあがりさんが新聞の漫画の連載が決まった時に「会社に就職したみたいだ」って仰っていましたよね。そういう就職はいいですよね、通わなくてもいいから。僕の場合は仕事はあまりないんですよ、取締役っていうのは。会社にいて机に座ってるんですけど、それがものすごくストレスだったんですね。

しりあがり　座ってるだけ。

末井　座ってるだけ。なんかやってる方がいいですよね。編集実務をやってたら辞めなかったかもしれませんけど、それをやっちゃいけないのが取締役なので。

しりあがり寿×末井昭
ペーソス

しりあがり　月刊「取締役」とか出しちゃえばよかったのに（笑）。

末井　実務をやっちゃいけないのが取締役、たまに人をクビにする。嫌な仕事ですよね。実際に辞めてみないと判らないぐらいにすごいストレスだったんですよ。

みんなが憧れるハズのペーソスという生き方

しりあがり　ペーソスの存在がもっとみんなに知られるようになると、みんなが末井さんのような生き方を目指すと思うんだけど、日本人の多くが。島本さんみたいな生き方も目指すと思うけど。今は会社が低迷してみんな何をしたらいいのか判らないでしょ。僕の弟は来年再来年というタイミングで定年なんですよ。どうしようかって、ユーチューバーになろうかなんて言ってるんだけど（笑）。絶対ペーソスみたいな生き方って憧れると思うんだよね。

末井　そういう意味ではペーソスってありがたいな、まあ最初はこんなバンドみたいな気持ちってあったけど。演っていてけっこういいんですよね。なんて言うのか音楽はともかく、ともかくって言うとマズイんだけど（笑）、

取締役っていうのは、会社にいて机に座ってるんですけど、それがものすごくストレスだったんです
——末井昭

この5人がいいんですよ。何を成すでもなくいる。

しりあがり　わかります（笑）。

末井　ギターの尚人君は38歳ですから、ちょうど32ぐらい違うのかな。でも対等になれるんですよね。

しりあがり　もしかして米内山さんは（その状態は）嫌かもしれない（笑）。

末井　（笑）。怒られたりしますよ。それがまあ気持ちいいんですけどね。取締役なんかやってるとね、怒られないですよ（笑）。

しりあがり　怒ってもらえないんだ（笑）。

末井　怒ってもらえない。酒飲んでもどうぞどうぞ、って注いでくれるんですよね。嫌だって思ってもまあまあ、みたいな感じで。そういうのが嫌なんです。

しりあがり　でも、よくこんないい出会いがありましたよね。

末井　そうですね。

しりあがり　昔のドラクエみたいにね、パーティー組んで生きていくのがよくて、あのそれぞれ癒す役割とか戦う役割があって、5〜6人で生きていくのが一番いいんじゃないかなって、それがなんか実現している気がしますよ

ね。ドラクエになぞらえると誰が勇者なんですかね？

末井　ドラクエ知らないから（よくわからないけど）。

しりあがり　島本さんが勇者になるのかな。ドラクエのいいのは戦士とかもあるんですけど、戦士はリーダーじゃなくて、勇者がリーダーなんですよね。強いわけでなくて、リスクをしょいながらあっち行くぞって、それがいいなって思いましたね。

　ペーソスのメンバーは全員リスクなんか考えてないみたいだから、みんな勇者かもしれないな。

　ペーソスには目標みたいなのはあるんですか？

末井　目標は紅白って言ってたんですけど、さすがに最近は言わなくなりましたね（笑）。ここ2～3年ほど僕は紅白を観てるんですけど、ペーソスが入るならどこに入るのかって考えると、まったく場所が無いですね。今の紅白に遊びが無いから、きっちりしてて、だから今は難しいですね。

しりあがり　今は難しい（笑）。

末井　もともと難しいんだけど（笑）。……目標はなんだろう……武道館は達成しましたから（笑）。

しりあがり　あれはどなたの公演？

末井　銀杏ボーイズです。前座をやらせてもらって。

しりあがり　でもすごいですよね。

末井　場所だけはすごいんですけど、お客さんは半分も

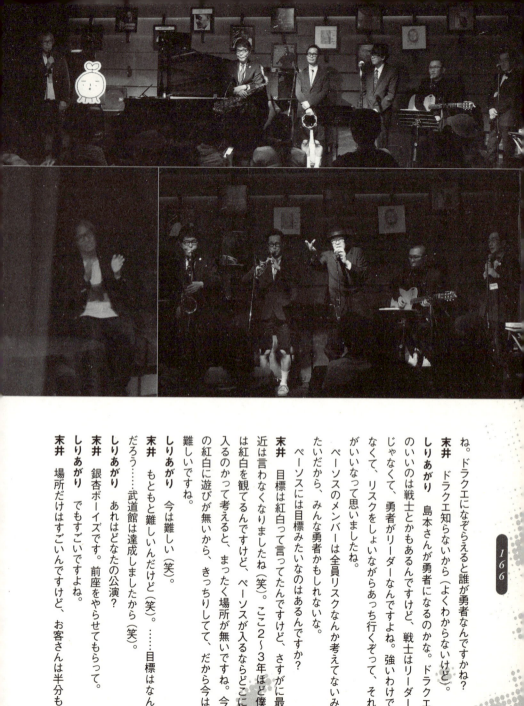

しりあがり寿×ペーソス 末井昭

いなかったかな、人が席に着く前の状態の時なので。

しりあがり　末井さんぐらい力があると、また欲が出て、俺たちのために紅白を作るみたいな（笑）。

末井　（笑）。

ペーソス持ち歌から眠れるナンバーを鋭意発掘中

しりあがり　今は何曲ぐらいあるんですか？

末井　100ぐらいあるんじゃないですかね。歌っていないのもあって。今は僕が発掘係で、古いのを探しているんですよ。昔演ったやつ。

しりあがり　だいたい島本さんが詞も曲も書かれる？

末井　そうです。曲は尚人君がギターできっちりと整えます。面白いんですけど、島本さんは詞と曲が同時に浮かぶらしいんですけど、あやふやな音程なんで、それをきちっとコード譜をつけて曲にするのが尚人君ですね。

しりあがり　鼻歌じゃ毎回違うから大変ですね（笑）。

末井　（笑）。

しりあがり　ペーソスって応援したくなるんだよね。介護とは違うんだよね。まだ応援なんだよね（笑）。なんでだろうね、自分たちももう60過ぎているし、自分たちに近いからかな、自分を応援したいような感じですかね。

末井　では最後にペーソスにエールをお願いします。

しりあがり　僕はまだペーソスの紅白出演は諦めてないですね。……しかし、みんなはペーソスの歌を聴いてるのかな？

末井　ほとんど聴いてないでしょうね。

しりあがり　聴かないとダメでしょ。

末井　ほんの数十人が聴いているだけだから。

しりあがり　朝の連ドラのテーマソングとかね、主題歌とかね。ペーソスが作らないとダメでしょ。今の日本人の20何％が70歳以上でしょ、共感を得られるのはペーソスしかいないでしょう。他に誰がいるの？　ホントにそう思うんだけどね、データ的にね。

　ペーソスが株だったら、買いじゃないかなー。俺は買わないけど（笑）。

profile

しりあがり寿（しりあがりことぶき）

1958年1月1日静岡市生まれ。多摩美術大学グラフィックデザイン専攻卒業。イラストレーター、漫画家。1985年『エレキな春』でデビュー。以降、漫画以外のアート、映像など多彩なジャンルで独自の創作活動を続ける。2000年『時事おやじ2000』『ゆるゆるオヤジ』で第46回文藝春秋漫画賞受賞。2001年『弥次喜多 in DEEP』で第5回手塚治虫文化賞「マンガ優秀賞」受賞。2006年より神戸芸術工科大学先端芸術学部教授。2014年春、紫綬褒章受賞。

ペーソスに108の質問

興味のある相手のことを知りたいと思うのは人間の性（さが）。しかし相手を質問責めにできるのは子供の特権、歳を重ねると特別な機会でもない限りそうはいきません。そこで今回は（特別な機会のフリをして）ペーソスのメンバーに１０８、つまり煩悩の数の質問を投入。そこから37問を選んで（4問は必須につき正確にはご本人セレクトは33問）答えていただきました！

ちなみに37は本書を手にとっていただいた皆（37）さまとその気になる回答を楽しく共有するという意味を込めて&１０８のボリュームを前に『うえ！（めんどくさ！）』となってもこの程度の割合だったらその苦痛も少しはまぎれる？という心理的効果を期待しての設定。それでもすべての質問に答えるメンバー、気が向いただけ答えるメンバーが半数以上。相変わらずのペーソスさんのマイペースぶりに、乾杯！

必須質問（ご自分以外のメンバーについてお答えください）。
- ●島本慶に聞いてみたいこと。
- ●米内山尚人に聞いてみたいこと。
- ●末井昭に聞いてみたいこと。
- ●近藤哲平に聞いてみたいこと。
- ●スマイリー井原に聞いてみたいこと。

Q001 最も古い記憶はいつ頃、どんなもの？

Q002 自分にとって最初の「アイドル」（ヒーロー）は？

Q003 →について、何歳頃、どういう点に惹かれましたか。

Q004 最初に自分で買ったレコード（CD）は？

Q005 小学生のとき好きだった番組（ラジオ、テレビ）は？

Q006 小学生のときえらいと思っていた人とその理由は？

Q007 子供のときお気に入りだった本（絵本）は？

Q008 子供時代、好きな先生はいましたか？　どこが好きでしたか。

Q009 ドラえもんのひみつ道具、「どこでもドア」「タケコプター」「スモールライト」「アンキパン」でいちばん惹かれたものは？

Q010 青春期に憧れた人は？　どこに惹かれましたか。

Q011 17歳の自分が今の自分を見たらどう思うと思いますか？

Q012 17歳の自分に今の姿で言葉をかけなければならないとしたらなんと言いますか？

Q013 自分にとっての「かっこいい大人」の定義は？

Q014 →どのくらい（１００％中）自分はそれを実現できていると思いますか？

Q015 これまでいちばん繰り返し何度も読んだ本は？

Q016 これまで出会った中でいちばんの「反面教師」を教えてください。

Q017 20代の自分にキャッチコピーをつけるとしたら？

Q018 30代の自分にキャッチコピーをつけるとしたら？

Q019 40代の自分にキャッチコピーをつけるとしたら？

Q020 50代の自分にキャッチコピーをつけるとしたら？

Q021 60代の自分にキャッチコピーをつけるとしたら？

Q022 自分の名前は気に入っていますか。その理由は？

Q023 「これってまさに〈名は体を表す〉だ！」と感心した対象

があれば教えてください。

Q024 人やものに命名したことはありますか？　我ながらうまかったと思う命名があれば教えてください。

Q025 「ペーソス」という名前についてどう思いますか。

Q026 字画、風水はそれなりに気にする方ですか。

Q027 占いは好きですか？　YESの場合、占いとのつき合い方を教えてください。

Q028 寒いと暑い、強いて選ぶなら？

Q029 朝、晴れているとどう思いますか。

Q030 朝、雨が降っているとどう思いますか。

Q031 朝、雪が降っているとどう思いますか。

Q032 春夏秋冬、好きな季節とその理由は？

Q033 海と山、好きなのはどちら？

Q034 いちばん共感を覚える動物は？

Q035 いちばん惹かれる動物は？

Q036 生まれ変わったらなりたいものは？

Q037 いちばん落ち着く瞬間は？

Q038 これまででいちばんこわかった経験は？

Q039 好きな色は？

Q040 苦手な色は？

Q041 好きな花は？

Q042 好きな食べ物その1とその理由を教えてください。

Q043 好きな食べ物その2とその理由を教えてください。

Q044 好きな食べ物その3とその理由を教えてください。

Q045 苦手な食べ物は？

Q046 苦手な飲み物は？

Q047 「これはちょっとやめられない」嗜好品があれば教えてください。

Q048 「グルメ」についてどう思いますか。

Q049 行ってみたい場所はありますか？（国内・国外・架空世界、どこでも）

Q050 住んでみたい場所はありますか？（国内・国外・架空世界、どこでも）

Q051 クセはありますか？

Q052 うれしいとき、どうなりますか？

Q053 悲しいとき、どうなりますか？

Q054 疲れたとき、どうなりますか？

Q055 自分の性格で気にいっているところは？

Q056 人からされていちばんうれしいことは？

Q057 人からされていちばんイヤなことは？

Q058 人にやさしくしたいときはどんなとき？

Q059 それほど知らない人相手との会話でおすすめの話題は？

Q060 「粋だな」と思う人のポイントは？

Q061 なぜか惹かれてしまうタイプ（人）はいますか。その特徴は？

Q062 なぜか苦手なタイプ（人）はいますか。その特徴は？

Q063 友達に求めてしまいがちなことは？

Q064 恋人に求めてしまいがちなことは？

Q065 恋をするとどうなりますか？

Q066 好きな人の前で変わるところはありますか。

Q067 過去、恋をして発見した知らなかった自分の一面について教えてください。

Q068 「ツンデレ」という言葉を最初知ったときどう思いましたか？

Q069 好きな楽器その1とその理由を教えてください。

Q070 好きな楽器その2とその理由を教えてください。

Q071 好きな楽器その3とその理由を教えてください。

Q072 趣味はありますか？　それはなんですか。

Q073 現在最もハマっていることは？

Q074 理由はわからないけれど得意なことがありましたら教え

てください。

Q075 人に言いたくなる特技は？

Q076 得意な運動（スポーツ）は？

Q077 サーフィンとスノーボード、やる（やらないといけない）としたら？

Q078 泳ぐことは好きですか。その泳法は？

Q079 ２００ｍ走、１㎞走、走り幅跳び、走り高跳び、１００ｍハードル、やる（やらなければいけない）としたら？

Q080 徒歩、自転車、車（自家用車）、バス、タクシー、電車、基本的にいちばん好きな移動手段は？

Q081 自分にとってベストだなと思うストレス解消法を教えてください。

Q082 じゃんけんは強いですか？

Q083 好きなお酒は？

Q084 これまで見た中でいちばん「かっこいいな」と思った酔っ払いのかっこいいポイントを教えてください。

Q085 これまで見た中でいちばん「愛らしいな」と思った酔っ払いのかわいいポイントを教えてください。

Q086 カラオケの十八番は？

Q087 お気に入りの映画を教えてください。

Q088 いま人におすすめしたい映画がありましたら。そのおすすめポイントは？

Q089 いま人におすすめしたい漫画作品がありましたら。そのおすすめポイントは？

Q090 いま人におすすめしたいアニメがありましたら。そのおすすめポイントは？

Q091 新たな家や部屋を探すとき、最も重視するのは？

Q092 今現在注目している人や事がありましたら教えてください。

Q093 「目からうろこが落ちる」経験はありますか？　その内容を教えてください。

Q094 やってみたいこと（未体験のこと）は？

Q095 「目標」（目指すところ）がありましたら教えてください。それはいつ頃からのものですか。

Q096 去年はできなかったけど今年できるようになったことがありましたら教えてください。

Q097 自分にとって「仕事」とは？

Q098 これまでいちばん頑張ったなと思うことは？

Q099 これまでいちばんダメだったなと思うことは？

Q100 今この瞬間の充実度（最高１００として）を教えてください。

Q101 「昭和」と聞いて浮かぶイメージは？

Q102 「平成」と聞いて浮かぶイメージは？

Q103 新元号「令和」を聞いたときどう思いましたか。

Q104 落ち込んだとき気分をアゲるための自分なりの方法は？

Q105 ペーソスのメンバーでよかったと強く思った瞬間はどんなもの？

Q106 ペーソスの曲でいちばん気にいっているものとその理由を教えてください。

Q107 忘れられないペーソスでの旅のエピソードを教えてください。

Q108 ご自分にとって「ペーソス」とは？

答えた人

島本慶

Kei Shimamoto

Q001 最も古い記憶はいつ頃、どんなもの？

2歳の時、河原から錦帯橋（山口県岩国市）を見上げている記憶があります。

Q004 最初に自分で買ったレコード（CD）は？

黒人コーラスグループがシングルレコードで出した舟木一夫の「学園広場」という曲のモノ。大阪は天神橋筋商店街で買いました。

Q005 小学生のとき好きだった番組（ラジオ、テレビ）は？

「サンデー志ん朝」「大人のマンガ」「それゆえスマート」他、色々あったけど忘れた。

Q025 「ペーソス」という名前についてどう思いますか。

結成当時、ペーソスという言葉はすでに死語でした。だから珍しいと思っていましたが、なんだか今じゃ復活しちゃって変な気分です。

Q028 寒いと暑い、強いて選ぶなら？

やっぱり暑い方がビールが旨い。でも寒い方が熱燗が旨いか？ まぁ年中飲んでっから別にいいけど、やっぱ夏の方が薄着でいいし。

Q032 春夏秋冬、好きな季節とその理由は？

夏がいいねぇ。野宿出来るし。冬だと凍え死んじゃうからなぁ。春と秋はどうでもいい。

Q037 いちばん落ち着く瞬間は？

好きな人と飲んでる時。そこに美味しいツマミとか有れば最高です。相手が女性であれ男性であれ、どっちでも落ち着きます。

Q042 好きな食べ物その1とその理由を教えてください。

黒ニンニク。それというのも、最近はこの黒ニンニクを自分で作っているからです。買うと高いからねぇ。発酵食品っていいよぉ〜。

Q045 苦手な食べ物は？

ハンバーグ、鶏の唐揚げ、食パン、おでん、ピザ、白ご飯、ひじき、サツマイモ。

Q046 苦手な飲み物は？

缶コーヒー、コーラはもぉ何10年も口にしていない。

Q048 「グルメ」についてどう思いますか。

デブの人。タバコを吸わなさそう。大食いの人。板前になって自分で調理して自分で食べてりゃいいのに、それしない無精な人。

Q049 行ってみたい場所はありますか？（国内・国外・架空世界、どこでも）

ポルトガルのチンチン電車に乗りたい。あのクネクネした坂を電車に揺られながら登り降りしてみたい。

Q050 住んでみたい場所はありますか？（国内・国外・架空世界、どこでも）

出来れば今いる所にずっと住みたい。引っ越しはしたくない。そのまま老いて死んでしまいたい。

Q051 クセはありますか？

ガスがよく溜まるので、歩きながらブーブーブーやってます。たまにすれ違う女性に聞かれてスゴク恥ずかしい。

Q052 うれしいとき、どうなりますか？

お酒をいっぱい飲んでしまいます。居酒屋を何軒もハシゴしてしまいます。おそらく記憶が無くなるまで飲んでしまうでしょう。

Q053 悲しいとき、どうなりますか？

強いお酒を飲んでしまいます。体に悪いと思いつつも半ばヤケクソでベロベロになるまで飲んでしまうでしょう。

Q054 疲れたとき、どうなりますか？

自宅で寝酒を飲みます。もぉちょっとって感じで眠くなるまで飲んでしまいます。ツマミはいつもミックスナッツ。これぶぁっか。

Q056 人からされていちばんうれしいことは？

奢ってもらうことです。好きなモノ食べて、好きな酒を飲んでいいから、なんて言われるのが大好きです。

Q058 人にやさしくしたいときはどんなとき？

グチを言いながら酔っている人を見ると、つい優しくしてしまいます。そういう人って、人間っぽくて好きなんです。

Q060 「粋だな」と思う人のポイントは？

コソコソと路地に入ってタバコを吸う人。堂々と道の真ん中でタバコを吸う人はダメ。あくまでも少し罪の意識を感じつつ吸う人が粋。

Q065 恋をするとどうなりますか？

オナニイをしてしまいます。いやらしいことをいっぱい妄想します。もぉこの歳でヨッコラショは無理。お爺ちゃんですからグシュン。

Q072 趣味はありますか。それはなんですか。

散歩です。常日頃やっているのですが、ゆっくり歩いて、人間観察。歩き疲れて銭湯へ入り、湯上がりに居酒屋に入り、また人間観察。

Q074 理由はわからないけれど得意なことがありましたら教えてください。

サイフを拾うことです。今まで随分と拾いました。交番のおまわりさんとは顔馴染みです。「またオマエが?」という顔をされます。

Q078 泳ぐことは好きですか。その泳法は？

横泳ぎです。スゴク得意です。速いです。この泳ぎ方が自分にはピッタリ。顔を水につけなくていいし。

Q080 徒歩、自転車、車（自家用車）、バス、タクシー、電車、基本的にいちばん好きな移動手段は？

徒歩。サイフや小銭が拾えるからです。

Q083 好きなお酒は？

ビール、ホッピーの白、焼酎（麦・芋）の湯割り、ロックでは芋が好きです。で、赤ワインを飲んでからやっぱり日本酒を熱燗で頂く。

Q085 これまで見た中でいちばん「愛らしいな」と思った酔っ払いのかわいいポイントを教えてください。

友人の関さん。隣の女性にチューしたり、オッパイを触ったりする姿が、とっても愛らしい。マネしてやったら、ぶん殴られました。

●米内山尚人に聞いてみたいこと。
アタシが倒れるまでつき合ってもらえますか？

●末井昭に聞いてみたいこと。
アタシの方が先にくたばるって本当に思ってます？

●近藤哲平に聞いてみたいこと。
こんなお爺ちゃんの詞の内容で納得ですか？

●スマイリー井原に聞いてみたいこと。
もっと普通の詞の曲もあった方がいいと思いません？

答えた人

米内山尚人

Naoto Yonaiyama

Q002 自分にとって最初の「アイドル」（ヒーロー）は？

街をうろついていたおじさん。

Q003 ↑について、何歳頃、どういう点に惹かれましたか。

小学生のころ教室に入って来て先生に追い出されたりしていました。自由な感じに惹かれました。

Q004 最初に自分で買ったレコード（CD）は？

チャゲ&飛鳥「YAH YAH YAH」。

Q006 小学生のときえらいと思っていた人とその理由は？

親戚のおじさん。何もしていなかった（本当は定年退職した後、余暇を過ごしていた）。

Q007 子どものときお気に入りだった本（絵本）は？

「ちびくろさんぼ」「バーバパパ」。

Q028 寒いと暑い、強いて選ぶなら？

寒い。お布団の暖かさを幸せに感じられるから。

Q036 生まれ変わったらなりたいものは？

スナックのママ。

Q042 好きな食べ物その1とその理由を教えてください。

もち。もちもちしている。

Q043 好きな食べ物その2とその理由を教えてください。

すあま。もちもちしている。

Q044 好きな食べ物その3とその理由を教えてください。

ういろう。もちもちしている。

Q052 うれしいとき、どうなりますか？

酒を飲みたくなります。

Q053 悲しいとき、どうなりますか？

酒を飲みたくなります。

Q055 自分の性格で気にいっているところは？

物を大事にするところ。

Q061 なぜか惹かれてしまうタイプ（人）はいますか。その特徴は？

不器用な人。正直な人。

Q063 友達に求めてしまいがちなことは？

何も求めません。

Q064 恋人に求めてしまいがちなことは？

何も求めません。

Q067 過去、恋をして発見した知らなかった自分の一面について教えてください。

乙女心があるということですね。

Q069 好きな楽器その1とその理由を教えてください。

ギター。自分に合ってる。

Q070 好きな楽器その2とその理由を教えてください。

ドラム。叩けば気分爽快。

Q071 好きな楽器その3とその理由を教えてください。

ベース。低音で子宮が揺れるらしいです。

Q074 理由はわからないけれど得意なことがありましたら教えてください。

僕の場合精巣でしょうか。

Q075 人に言いたくなる特技は？

ペーソスのギター伴奏。

Q081 自分にとってベストだなと思うストレス解消法を教えてください。

演奏と酒。

Q083 好きなお酒は？

焼酎。

Q084 これまで見た中でいちばん「かっこいいな」と思った酔っ払いのかっこいいポイントを教えてくだ

さい。
小手指「たらまガレージ」のおとう。ダメダメな話をするけど、三線で先立った奥さんを想った歌を披露。その一節「今でも綺麗だよ。愛してる。」に涙。

Q093 「目からうろこが落ちる」経験はありますか。その内容を教えてください。
ホッチキスの芯は紙ごみと一緒に出してもいい。

Q099 これまででいちばんダメだったなと思うことは?
独りで飲んで独りで吐いたこと。それ以降家飲みはやめた。

Q101 「昭和」と聞いて浮かぶイメージは?
荻窪で過ごした少年時代。ひいばあちゃんも親戚もみんないた。

Q102 「平成」と聞いて浮かぶイメージは?
平泉成

Q103 新元号「令和」を聞いたときどう思いましたか。
良いと思いました。

Q104 落ち込んだとき気分をアゲるための自分なりの方法は?
ちゃんと落ち込む。

Q106 ペーソスの曲でいちばん気にいっているものとその理由を教えてください。
「焼酎のお湯割をもう一杯」。僕の心を射止めた曲です。

Q108 ご自分にとって「ペーソス」とは?
おやぢ選手権。

●島本慶に聞いてみたいこと。
今考えている新曲ネタはどんなのがありますか?
●末井昭に聞いてみたいこと。
女装するならやはりスカートがいいですか?
●近藤哲平に聞いてみたいこと。
僕もたまには客席で観たいのですがどうすればいいでしょうか?
●スマイリー井原に聞いてみたいこと。
二代目さいたまんぞうを継ぐって本気ですか?

答えた人

末井昭

Akira Suei

Q001 最も古い記憶はいつ頃、どんなもの？

僕は祖母のオッパイに吸い付いて育ちました。その祖母が死んだときのことが一番古い記憶です。6歳の頃で、祖母の棺桶が埋められる（土葬）瞬間、こんなことをしていいのかと思った記憶があります。

Q002 自分にとって最初の「アイドル」（ヒーロー）は？

舟木一夫。

Q003 ↑について、何歳頃、どういう点に惹かれましたか。

高校時代「高校三年生」を学生服で歌う姿に憧れ、学校で猫背の舟木一夫の真似をしていたら、本当に猫背になってしまいました。のちの舟木一夫の連続自殺未遂が『自殺』を書くきっかけ（嘘）。

Q004 最初に自分で買ったレコード（CD）は？

ナンシー・シナトラの『シュガータウンは恋の町』のドーナツ盤。買った理由は、多分ラジオからこの曲が流れてきたとき、好きになったからではないでしょうか。シュガーはコカインの隠語だと知ったのは、だいぶあとになってからのことです。

Q005 小学生のとき好きだった番組（ラジオ、テレビ）は？

ラジオは『浪曲天狗道場』、テレビは『三菱ダイヤモンド・アワー　プロレス中継』。

Q008 子供時代、好きな先生はいましたか？　どこが好きでしたか。

小学校1～2年生のときの担任・小林定子先生。母親が死んで弁当を持っていけないとき、僕の机に黙っておにぎりを置いてくれていた優しい先生。

Q011 17歳の自分が今の自分を見たらどう思うと思いますか？

工場労働者になることしか考えてなかったので、なんの仕事をやっているのか理解できないと思います。

Q012 17歳の自分に今の姿で言葉をかけなければならないとしたらなんと言いますか？

自分の顔に失望していて絶対恋人なんかできないと思っていたので、「その顔がいいって言ってくれる女の人もいるから心配しなくてもいい」と言います。

Q015 これまでいちばん繰り返し何度も読んだ本は？

千石剛賢さんの『父とは誰か、母とは誰か』。この本に影響されて、聖書を生きる指針にするようになりました。

Q016 これまで出会った中でいちばんの「反面教師」を教えてください。

父親。人間というより、欲望のまま生きる動物のような人でした。

Q017 20代の自分にキャッチコピーをつけるとしたら？

情念ぶつける表現者気取りの看板屋。

Q018 30代の自分にキャッチコピーをつけるとしたら？

24時間ほぼ眠らない男。あ～眠い。

Q019 40代の自分にキャッチコピーをつけるとしたら？

ギャンブルでボロボロの高額納税者。

Q020 50代の自分にキャッチコピーをつけるとしたら？

50代で人生をリセットした男。

Q021 60代の自分にキャッチコピーをつけるとしたら？

いつの間にやらエッセイスト。

Q024 人やものに命名したことはありますか？ 我ながらうまかったと思う命名があれば教えてください。

『写真時代』『パチンコ必勝ガイド』。

Q025 「ペーソス」という名前についてどう思いますか。

「ペーソス」の「ペー」が情けないのがいい。「ペーペー」とか「ペケ」とか「ペラペラ」とか「ペコペコ」とか連想します。

Q029 朝、晴れているとどう思いますか。

楽しい気分になって、外に出かけたくなる。目が悪くなったので、あらゆるものが光り輝いているように見えるので楽しい。

Q030 朝、雨が降っているとどう思いますか。

憂鬱になり、雲を呪います。

Q031 朝、雪が降っているとどう思いますか。

新潟の人が、雪降ろしをしなくてもいい方法を考えたらノーベル賞に値すると言っていたことを思い出します。雪降ろしは大変で、生産性が何もないのだそうです。少し降るぶんには風流でいいのですが。

Q035 いちばん惹かれる動物は？

猫。猫は人間をただの使用人としか思っていないところに惹かれますね、なぜか。

Q038 これまででいちばんこわかった経験は？

前の奥さんといたとき、付き合っていた女性から電話があり、それに奥さんが出たとき。家に電話しないことが暗黙の了解だと思っていたのに。思わず電話線を引き抜きました。そのシーンは映画『素敵なダイナマイトスキャンダル』に入ってます。

Q061 なぜか惹かれてしまうタイプ（人）はいますか。

その特徴は？ 魚座でB型の女性。以前、2人の女性と付き合っていたとき、2人とも魚座で、しかも誕生日が同じでした。現在の妻も魚座のB型です。

Q067 過去、恋をして発見した知らなかった自分の一面について教えてください。

恋をしていると、世界一いい男になれるということを知りました。恋愛中は誰でも、たとえブサイクでも、世界一いい男といい女になっているはず（主観ですが）。

Q069 好きな楽器その1とその理由を教えてください。

テナーサックス。理由は、形が工場の配管に似てるところ（工場が好きなので）、金色に光って派手なところ、テナーは音域が肉声に近いので、自分が歌っているような気分になるところ。首が痛いのが難点。

Q073 現在最もハマっていることは？

朝食の用意、食器洗い、洗濯、食品の買い物、たまに料理。それを毎日やっています。主婦になりたい。

Q086 カラオケの十八番は？

「宗右衛門町ブルース」。

Q087 お気に入りの映画を教えてください。

今まで観た中ではゴダールの『ウィークエンド』。

Q083 「目からうろこが落ちる」経験はありますか。その内容を教えてください。

聖書の意味がわかったとき。世界が（意味として）ひっくり返りました。

Q097 自分にとって「仕事」とは？

これまで会社のためにやった仕事はほぼないので、趣味みたいなものでしょうか。

Q098 これまでいちばん頑張ったなと思うことは？

近著の『自殺会議』を書いたこと。

Q099 これまでいちばんダメだったなと思うことは？

先物取引で粗糖に2000万円ぶっ込んでゼロになったこと。

Q107 忘れられないペーソスでの旅のエピソードを教えてください。

沖縄の安ホテルに泊まったとき、ドアを開けたらシャワールームしかなかったこと。ベッドは天井にありました。

●島本慶に聞いてみたいこと。

島本さんは温泉漫画雑誌とか老人専門の風俗とか、いろんな面白いアイデアを思いつくけど、数週間で忘れています。しかしペーソスは16年も続いています。飽きっぽいのにそんなに長く続いている理由は?

●米内山尚人に聞いてみたいこと。
尚人くんは僕より33歳年下ですが、同年代の友達のように対等に付き合ってくれます。そういう付き合い方ができるのはどうしてなのでしょうか?

●近藤哲平に聞いてみたいこと。
近藤さんは、今までかなり気儘でアバウトな生活をしてきたのに、破綻することもなく楽しく生きているようです。そのバランス感覚はどこから来ているのですか?

●スマイリー井原に聞いてみたいこと。
その昔、井原さんが名古屋の新幹線のホームで「ゆうこりん」こと小倉優子と楽しそうに歩いているところを目撃したことがあります。どうもアイドルがお好きなようですが、今は誰が好きですか?

答えた人

近藤哲平
Teppei Kondou

Q004 最初に自分で買ったレコード(CD)は?

TMネットワーク『humansystem』。小学校のとき、片思いの子が好きだと言うので。

Q005 小学生のとき好きだった番組(ラジオ、テレビ)は?

低学年の頃は『8時だヨ!全員集合』、高学年の頃は『オレたちひょうきん族』。

Q008 子供時代、好きな先生はいましたか? どこが好きでしたか。

小学校の担任だった田村先生。いつも1限目は説教でつぶれてました。子供相手に本気で怒ってくれたのが嬉しくて、いまでも思い出すだけで涙が出るほどです。

Q009 ドラえもんのひみつ道具、「どこでもドア」「タケコプター」「スモールライト」「アンキパン」でいちばん惹かれたものは?

どこでもドア。いまでも惹かれます。

Q010 青春期に憧れた人は? どこに惹かれましたか。

関根勤とかラッキー池田とかルー大柴とか、テキトーで楽しそうな人たちに憧れていました。あと広川太一郎。

Q025 「ペーソス」という名前についてどう思いますか。

とても良いと思います。

Q026 字画、風水はそれなりに気にするほうですか。

まったく気にしません。

Q032 春夏秋冬、好きな季節とその理由は?

冬。あったかさが身にしみて感じられるから。

Q042 好きな食べ物その1とその理由を教えてください。

タコス。二十歳ごろにメキシコに行って本場の味にやられて以来の好物です。毎日3

食イケます。

Q045 苦手な食べ物は？

練り物系。

Q055 自分の性格で気にいっているところは？

引きずらない、後悔しないところ。

Q061 なぜか惹かれてしまうタイプ（人）はいますか。その特徴は？

不器用な人、かな。

Q062 なぜか苦手なタイプ（人）はいますか。その特徴は？

想像力のない、他人の心に鈍感な人。

Q069 好きな楽器その1とその理由を教えてください。

スライドギター。映画『パリ・テキサス』で流れるやつです。音が空間に広がっていく感じがたまりません。

Q070 好きな楽器その2とその理由を教えてください。

ムーグ。変な音だから。

Q071 好きな楽器その3とその理由を教えてください。

ティンバレス。問答無用にかっこいい。

Q074 理由はわからないけれど得意なことがありましたら教えてください。

片足立ちで楽器を演奏できる。

Q077 サーフィンとスノーボード、やる（やらないといけない）としたら？

サーフィン。荷物少なくて済みそう。

Q080 徒歩、自転車、車（自家用車）、バス、タクシー、電車、基本的にいちばん好きな移動手段は？

徒歩。のんびり景色を見てると発見があるし、気の向く方に曲がれるから。

Q081 自分にとってベストだなと思うストレス解消法を教えてください。

誰かと一緒に演奏すること。

Q083 好きなお酒は？

ダークラム。

Q087 お気に入りの映画を教えてください。

『ハンナとその姉妹』。

Q088 いま人におすすめしたい映画がありましたら。そのおすすめポイントは？

『ブロードウェイのダニー・ローズ』。人に優しくなれる映画。哀愁いっぱい。ストーリーもシンプルで、誰でも楽しめるはず。

Q091 新たな家や部屋を探すとき、最も重視するのは？

インスピレーション。

Q095 「目標」（目指すところ）がありましたら教えてください。それはいつ頃からのものですか。

「目標」を持ったことはありません。

Q097 自分にとって「仕事」とは？

あんまり考えたことないです。

Q101 「昭和」と聞いて浮かぶイメージは？

ネオン。

Q102 「平成」と聞いて浮かぶイメージは？

なんにも浮かびません。

Q103 新元号「令和」を聞いたときどう思いましたか。

ダサいなー。

Q104 落ち込んだとき気分をアゲるための自分なりの方法は？

音楽を聴くか、映画を見る。

Q105 ペーソスのメンバーでよかったと強く思った瞬間はどんなもの？

ライブ中、両脇にいる島本さんと末井さんが演奏している姿を、一歩後ろから見ているとき。

Q106 ペーソスの曲でいちばん気にいっているものとその理由を教えてください。

「痩せても枯れても」。亡くなった人を思い出すから。

Q108 ご自分にとって「ペーソス」とは？

そんなこと考えてたらやってられません。

●島本慶に聞いてみたいこと。
独特の振り付け、適当なようでぜんぶ動きが決まってますよね？ どうやって考えてるんですか？ まさか時間かけて練ってたり？？

●米内山尚人に聞いてみたいこと。
末井さんがどれだけ斬新で複雑な演奏をしても、つられずにちゃんとリズムをキープしてるのすごいけど、コツとかあるの？

●末井昭に聞いてみたいこと。
長年サックスやってて「普通に上手く」ならないのって、本当にカッコイイ。どうしてそんなに「末井昭」でいられるんですか？

●スマイリー井原に聞いてみたいこと。
オンとオフの差が興味深いですが、何かスイッチってあるんですか？ あと、両手を胸で組むポーズは、どこから思いついたんですか？

答えた人

スマイリー井原

Smily Ihara

Q001 最も古い記憶はいつごろ、どんなもの?

歩行器に乗って、台所で料理する母の背を見上げていたこと。

Q002 自分にとって最初の「アイドル」（ヒーロー）は?

仮面ライダー1号。

Q003 →について、何歳ごろ、どういう点に惹かれましたか。

6歳の頃。ライダーの異形と強靭さ。

Q005 小学生のとき好きだった番組（ラジオ、テレビ）は?

ドリフターズ「8時だヨ！全員集合」

Q007 子どものときお気に入りだった本（絵本）は?

学習研究社「こども百科事典」と「ひとまねこざる」シリーズ。

Q025 「ペーソス」という名前についてどう思いますか。

それしかないと思います。

Q026 字画、風水はそれなりに気にするほうですか。

まるで気にしない。

Q027 占いは好きですか。YESの場合、占いとのつき合い方を教えてください。

まるで気にしない。

Q047 「これはちょっとやめられない」嗜好品があれば教えてください。

キツメのハッカ飴。

Q055 自分の性格で気にいっているところは?

皮肉なところ。

Q056 人からされていちばんうれしいことは?

放っておかれること。

Q057 人からされていちばんイヤなことは?

やたらと話しかけられること。

Q059 それほど知らない人相手との会話でおすすめの話題は?

島本慶の連帯保証人エピソード。

Q061 なぜか惹かれてしまうタイプ（人）はいますか。その特徴は?

不思議な人。

Q062 なぜか苦手なタイプ（人）はいますか。その特徴は?

わかりやすい人。

Q063 友達に求めてしまいがちなことは?

呑む約束を断らないで欲しい。

Q064 恋人に求めてしまいがちなことは?

放っておいても怒らないで欲しい。

Q065 恋をするとどうなりますか?

どうにもならない。

Q066 好きな人の前で変わるところはありますか。

積極的になる。

Q072 趣味はありますか。それはなんですか。

ごみの正確な分別。

Q073 現在最もハマっていることは?

ポケットモンスター捕獲。

Q074 理由はわからないけれど得意なことがありましたら教えてください。

猫をマッサージすること。

Q075 人に言いたくなる特技は?

猫マッサージ。

Q081 自分にとってベストだなと思うストレス解消法を教えてください。

ペーソスのライブ。

Q083 好きなお酒は?

一人酒。

Q086 カラオケの十八番は?

小林亜星先生作品「ふりむかないで」。

Q089 いま人におすすめしたい漫画作品がありましたら。そのおすすめポイントは?

島本和彦先生「アオイホノオ」は、オタク第一世代の稗史がわかって、面白いです。

Q090 いま人におすすめしたいアニメがありましたら。そのおすすめポイントは？

「マジンガーZ」。島本慶が動画を描いていたので。

Q091 新たな家や部屋を探すとき、最も重視するのは？

地盤。

Q092 今現在注目している人や事がありましたら教えてください。

駅前の市民センターで毎日会う、大声で独り言を言っている若者が気になる。

Q094 やってみたいこと（未体験のこと）は？

牛の乳しぼり。

Q096 去年はできなかったけど今年できるようになったことがありましたら教えてください。

飼い猫と良好な関係を保つこと。

Q108 ご自分にとって「ペーソス」とは？

偶然にして、必然的な成り行き。

●島本慶に聞いてみたいこと。
ちゃんとご飯たべてる？

●米内山尚人に聞いてみたいこと。
ちゃんと寝てる？

●末井昭に聞いてみたいこと。
ちゃんと散歩してる？

●近藤哲平に聞いてみたいこと。
ちゃんと稼げてる？

よろしくペーソス

うたぼん

#32 ▼ 46

ペーソスの歌世界

〈其の参〉酒と肴とペーソス編

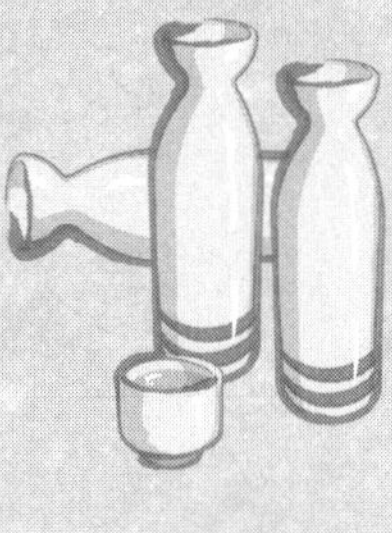

E　　　　　　B　　　　　G#
ささやかな自分のこの居場所に

C#m7　F#　B
口元を緩ませる
B　E　　　F#　B
そうこの場所が天国か
　E　Fm7-5　F#
まさかの地獄なのか
Gdim　G#m　　　　　B　G#m
戻ることもかなわず　向かう所もない
　C#m7　　F#　　B
ただお湯割りをもう一杯

四、
B　　onA#　　　G#m onF#
赤羽のオーケー横町で
E　　　onD#　C#m
高田馬場は栄通りで

E　　B　　G#m　　　C#m C#m7 F#
横浜は長者町や日の出町あたりで
B　　onA#　　G#m onF#
大阪は新世界や
E　　　onD#　　C#m
天神橋筋の裏路地で
E　　　B　　G#m　　C#m7 F#　B
下北沢は東通りや一番街あたりで

B　E　　　F# B
そうこの場所が天国か
　　E　　Fm7-5 F#
まさかの地獄なのか
Gdim　G#m　　　　　B　G#m
戻ることもかなわず　向かう所もない
　C#m7　　F#　　B
ただお湯割りをもう一杯

B　　onA#　　G#m onF#
お湯割りをもう一杯
E　　onD#　C#m
焼酎をもう一杯
E　　　　　B　　G#m
お湯割りをもう半分だけど
　　C#m7 F#　　B
つぶやきつづけてる

カ・イ・セ・ツ・？

島本慶

今はもぉ、「水戸黄門」って再放送しなくなりましたけど、午後４時くらいから延々とやってた時代が有りました。その頃たまたま入った赤羽だったか、東十条だったか、そのあたりの居酒屋で見た風景そのままの歌です。

なんせいやらしい人間観察オヤジですから私。みんなお爺ちゃんぶぁっかで、銭湯から出て、水戸黄門を見ながら焼酎を飲んでます。みんな酒にいやらしくてなかなか帰らない。中には仕事に溢れたオヤジもいて、カウンター席に根の生えた状態でダラダラと飲み続けたり。みんな行き場が無い雰囲気。最低なんだけど最高。

みんな共通しているのは由美かおるが好きってことみたいでした。もぉスケベぶぁっか。

何でもないような情景描写＋しみじみとした曲調、というペーソスの必殺パターン。場末の、きっと小汚い居酒屋なんでしょうけど、聴いてるうちにそこが天国に思えてくるから不思議です。こういう居酒屋って、どんどんチェーン店に取って変わられていきます。そうした店は小綺麗なんだけど、この曲に出てくるような酔っ払いは追い出されてしまうんだろうな。

Commented by 近藤哲平

よろしくペーソス

うたほん #32

焼酎のお湯割りをもう一杯

作詞・作曲 島本慶　編曲 ペーソス

一、

B　　onA#　G#m onF#
夕暮れの居酒屋で
E　　onD#　C#m
カウンターの片隅に
E　　B　　G#m　　C#m　　C#m7 F#
焼酎のお湯割りとダイコンの浅漬けと

B　　onA#　　G#m　onF#
テレビの前のテーブル席には
E　　onD#　　C#m
銭湯帰りの後期高齢者たち
E　　B　　G#　C#m7　　F#　B
焼酎のハイボールと白菜の浅漬けと

B　E　F#　B　　E
テレビでは再放送の 水戸黄門が
Fm7-5　　F#
始まろうとしている
Gdim　G#m　　B　　G#m
由美かおるの乳房が拝めないかと
C#m7　　F#　　B
かなわぬ夢を見ている

二、

B　　onA#　　G#m onF#
店のオヤジは無言のまま
E　　onD# C#m
くわえタバコで
E　　B　　G#m
無愛想にグラスを洗い
C#m　　C#m7　　F#
灰皿を取りかえている

B　　onA#　　　　G#m　onF#
遅れてやってきたトビの田中ちゃん
E　　onD#　　C#m
「よっ負け組！遅いじゃないの」

E　　B
「ウルセエジジイ！
まだ生きてやがったのか…
早く死んでもらわないと
オレたち年金もらえないじゃないか！」
G#m
などと
C#m7　　F#　　B
店は笑いに包まれる

B　E　F#　　B　　E
スケさんカクさんがひと暴れした
Fm7-5 F#
その後に
Gdim　G#m
印籠に驚いてへへ〜ッとなった
B　　G#m
その時だけ
C#m7　　F#　　B
店のオヤジも振り返る

三、

B　　onA#　　　G#m onF#
ワタシは冷めたお湯割りを
E　　onD#　　C#m
飲み干したグラスを見る
E　　B　　G#m
もう一杯のおかわりと
C#m　C#m7　　F#
バターピーナッツと

B　　onA#　　G#m onF#
ほろ酔い気分で
E　　onD#　　C#m
心地よさに酔いながら

Em　Bm
夜のレバニラ　夜のレバニラ
F#　Bm B7
くらえ暗闇の中で
Em　Bm　F#7　Bm
ガハハハハハハハハハハ

四、

Bm　Bm
今夜も女がのしかかる
Em　F#7
逃げろ、走れ、台所
Em
どこまでも太りつづけてろ

Bm
この白豚　肉食ポテチ女
F#7
豆腐でも食べてろ
Bm
コンニャクでもいい
A　G6　F#
ネバネバと　糸を引くな

Em　Bm
夜の納豆　夜の納豆
F#　Bm B7
くらえ暗闇の中で

Em　Bm
夜の納豆　夜の納豆
F#　Bm B7
くらえ暗闇の中で
Em　Bm　F#7　Bm
ガハハハハハハハハハハ

カ・イ・セ・ツ・？

島本慶

私は関西育ちなので、家族で納豆を食べたことが有りませんでした。父も母も納豆を食べたことが無いまま他界しました。でも私は、18歳から東京へ来て、何かみんなウマそうに納豆を食べているのを見て、豆腐屋で買って来て食べたら、これがもぉやみつき。

以来っずぅっと朝に食べていました。ところがです。数年前にお会いした70代後半のAV男優さんが、納豆は夜食べると効くと教えてくれたんです。これには驚きです。朝食べるよりはるかに血流が良くなるってんで、なるべく夜に食べるようにしております。

でもねぇ、やっぱり夜はお酒飲んじゃうから酔っぱらちゃって、何も覚えてないから意味無いかもねぇ？

暗闇の中で一心不乱に納豆をかき混ぜる男。なかなか強烈なイメージです。「暗闇」と「納豆」の組み合わせなんてよく考えるよなーって思ったら、じつは実践者がいて、70すぎのAV男優だそうです。ネギ刻んで玉子も黄身だけ取り出して手間かけてるし、効果がないとも言い切れなそうだけど、70すぎて男優やってる超人の話ですからね。島本さん、試してみたのかな？

Commented by 近藤哲平

よろしくペーソス

うたぼん #33

夜の納豆

作詞・作曲 島本慶　編曲 ペーソス

一、

Bm　　　　Bm
今日も陽が暮れる

Em　　　　F#7
急げ、走れ、台所

Em
納豆をかきまぜろ

Bm
ネギを刻め　細かく刻め

　F#7
落とせ玉子の黄身

　　　Bm
しょう油をたらせ

A　　　G6　F#
ネバネバと　糸を引け

Em　　　　Bm
夜の納豆　夜の納豆

　　F#　　Bm B7
くらえ暗闇の中で

Em　　Bm　F#7　Bm
ガハハハハハハハハハハ

二、

Bm　　　　　　Bm
今夜も女がそでを引く

Em　　　　　　F#7
あわてるな、じらしまくれ

Em
納豆をかきまぜろ

Bm
玉ネギでもいい　細かく刻め

　F#7　　　　　　Bm
ニンニクをつぶせ　カラシを加えろ

A　　　G6　F#
ネバネバと　糸を引け

Em　　　　Bm
夜の納豆　夜の納豆

　　F#　　Bm B7
くらえ暗闇の中で

Em　　Bm　F#7　Bm
ガハハハハハハハハハハ

三、

Bm　　　　Bm
ジワット効いてくる

Em　　　　F#7
体中に血がめぐる

Em
ウオッカをグラスに注げ

Bm
レバーを炒めろ　ニラを刻め

　F#7　　　　　　Bm
塩コショウしろ　ゴマ油で炒めろ

A　　　　G6　F#
ジュワジュワと　いいニオイ

Fm　　　　Cm
眺めながら横になれば

Fm　　　　　　G
長回しが多過ぎて

D♭△7　　　Cm7　　　　G　Cm D♭
気が付けば口を開けて大イビキ

四、

Cm
眠れ眠れ眠れ眠れ眠れ

　　Fm
眠れない！

G　G7　Cm
そんな夜は…

　　B♭　　　　Bdim
久しぶりに女房殿の布団に

　　Cm C7
潜り込む

Fm　　　　　　　Cm
「気持悪いわね！」と

　　　Fm　　　　G
背中を向けられるから

D♭△7　　Cm7　　G　　　Cm
逆にホッとして眠れるのさ

Fm　Cm　G7　　Cm
深い眠りにつけるのさ

Dm7-5　G7　Cm
オヤジの子守歌

E♭dim　　G7　　C　C6
大人の子守り歌

カ・イ・セ・ツ・？

島本慶

眠れないオヤジでも眠くなることはあります。という歌でしょうなこの曲は。むしろ眠っちゃイケナイ時に寝ちゃう。たとえばロックとか、爆音でやられてもオヤジは寝ちゃうんです。ウルサイのキライですから。

実はそんなにウルサク無いんですよ本当は。ただ耳が遠くなってるだけなんです。正直言って私、右の耳はまったく聞こえていません。ですから居酒屋やバーのカウンターに座る時、連れの人がいたら、なるべく右に座るように心掛けています。

そんなわけで一番間違い無く眠る方法といえば、やっぱりお酒でしょう。ベロベロで帰っても寝酒は飲みます。何でもいいんですけど、強い酒がいいっす。寝ちゃうんですから。

眠くなる音楽＝いい音楽だとされている国が、たしか東南アジアのどこかにあると、小泉文夫の本で読みました。急に音量が上がったりするとびっくりしちゃうそうなので、『2001年宇宙の旅』なんて、冒頭で「ツァラトゥストラ～」が流れた瞬間に駄作決定ですよ。その点、タルコフスキーの映画は、極東の島国にまで安眠を届けるなんてまさに世界レベルの傑作ですね。

Commented by 近藤哲平

よろしくペーソス

うたぼん

#34 オヤジの為の子守唄

作詞 島本慶　作曲 ペーソス

一、

Cm　　　　　　　　　　Fm
眠れ眠れ眠れ眠れ眠れ眠れない！
G　G7　Cm
そんな夜は…
　　B♭　　Bdim　　　　Cm C7
たとえば国会中継の録画を
Fm　　　Cm　　　Fm　　　　G
眺めながら横になるとヤジが子守歌に
D♭△7　　Cm7　　G　　Cm D♭
みんなのアクビに誘われる

二、

Cm　　　　　　　　　　Fm
眠れ眠れ眠れ眠れ眠れ眠れない！
G　G7　Cm
そんな夜は…
　　B♭　　Bdim　　　　　Cm C7
たとえば芥川賞作家の小説を
Fm　　　Cm　　　Fm　　　　G
めくりながら横になれば僅か2、3ページで
D♭△7　　Cm7　Gb　　Cm D♭
魔法のように睡魔が襲う

三、

Cm　　　　　　　　　　Fm
眠れ眠れ眠れ眠れ眠れ眠れない！
G　G7　Cm
そんな夜は…
　　B♭　　　　Bdim
タルコフスキーのサクリファイスの
　　　Cm C7
DVDを借りて

三、

F#m　　　　　Bm　　　　　C#7　D7 C#7
ちょい漏れ　尿漏れ　ウ〜〜アッ！

F#m　　　　Ddim
食生活を見直してみる

Bm　　　　　D　　　　C#7
軽い運動ダイエットを！

F#m　C#7　　　A　　　Bm
失禁パッドは手放せないぜ

G#m7-5　D　　　　C#7
排尿トラブル　エブリデイ　コンチクショー！

Bm　　　F#m　　　　G　C#m7-5　F#
搾り出せぇ！　力を込めて根元から

D　　　G#m7-5　C#7
ググッと絞り出せぇ！

C#7　　　　F#m
ニョ〜〜イ　ドン！

ニーニョってなんだろうとググったら、エルニーニョ現象というものがあるらしい。南米あたりの海の温度が上昇する現象だそうな。よくわかんないけどなんとなく尿漏れに関係ありそう。さらにググると、スペイン語で「男の子」しかもイエスキリストを指すらしい。キリストも長生きしたら尿漏れしたんだろうか。そんな思いを似非スパニッシュサウンドで吹き飛ばす一曲。

Commented by 近藤哲平

カ・イ・セ・ツ・？

島本慶

ジジィになると尿道が緩くなるみたいです。寝ていても何度も起きてトイレへ行くしね。夢の中でオシッコがしたくて、一生懸命にトイレを探し歩く夢を見ます。

でも私、未だに一度もオネショしてません。これはもぉ本当です。やっと見つけたトイレでシャーッとしても実はしていないんです。ただひたすら出続ける夢。　でも私の友人のY・Sさんは、同じような夢を見ても本当にしちゃいます。耳元で悪魔の声が囁くんだそうです。「やっちゃえ！　気持いいぞぉ！」なんてね。ですから一緒に暮らしてる女性は大変です。寝る前にオムツさせられるそうです。そぉか、普段からオムツしてりゃ大丈夫か。なるほどなぁ。

よろしくペーソス

うたぼん #35

ビバ！漏れニーニョ！

作詞 島本慶　作曲 島本慶　編曲 米内山尚人

一、

F#m　　　　　　Bm　　　　　C#7　D7 C#7
ちょい漏れ　尿漏れ　ウ～～アッ！

F#m　　　　　　　Ddim
切れの悪さは誰にも負けねぇ

Bm　　　　　　　D　　C#7
つきまとってる残尿感

F#m　C#7　　　　　A　　　Bm
涙腺ユルユル　尿道ユルユル

G#m7-5　D　　　　C#7
排尿トラブル　エブリディ　コンチクショー！

二、

F#m　　　　　　Bm　　　　　C#7　D7 C#7
ちょい漏れ　尿漏れ　ウ～～アッ！

F#m　　　　　　　　　Ddim
いつも黒いの（服）着てるのは

Bm　　　　　　　　D　　　C#7
そういう理由があったのさ

F#m　　　　C#7　　　A　　　　Bm
くしゃみや咳で　一緒に出たり

G#m7-5　D　　　　C#7
排尿トラブル　エブリディ　コンチクショー！

Bm　　　F#m　　　　G　C#m7-5　F#
搾り出せぇ！　力を込めて根元から

D　　　G#m7-5　C#7
ググッと絞り出せぇ！

Bm
血糖値が高いから

Bm
中性脂肪が多いから

Em　　　　Bm
前立腺が腫れてます

Bm　　　　F#　　Bm
とにかく歩けと言われてる

カ・イ・セ・ツ・？

島本慶

私が住んでいる三軒茶屋と下北沢の中間くらいにある北沢川緑道（正式な名称）は、私の散歩道です。春は桜がキレイで、花見客も多く、いつも若い人でいっぱいです。普段はジョギングやウォーキングしている人とよくすれ違います。

この緑道沿いに「代沢湯」という銭湯が有ってよくひとっ風呂浴びました。でも今は有りません。ご主人のYさんとは飲み友達だったけど、見かけないと思ったら何と介護施設に入ってるらしい。

もう１軒、緑道近くにあった「第二淡島湯」という銭湯にもよく入りました。ここも今は廃業しています。ここは天然温泉で、居酒屋「熊八」のマッちゃんとよく会いました。

某CMソングにも使われた、ペーソス最大のヒットソング。と書いたそばから、ヒットソングって言葉がこんなに似合わないバンドもないとつくづく思う。「歩く」って、いろんな風に想像をかきたてられる言葉だし、実はいい歌なのかもしれないんだけど、ライブだと島本さんの振り付け（？）ばっかりが記憶に残るという、いろんな意味で強力な一曲。

Commented by 近藤哲平

よろしくペーソス

うたぽん #36

霧雨の北沢緑道

作詞・作曲 島本慶　編曲 ペーソス

一、

Bm
血糖値が高いから
Bm
中性脂肪が多いから
Em　　　　Bm
前立腺が腫れてます
Bm　　　F#　Bm
とにかく歩けと言われてる

Em　　Bm　　Em　　F#
貴方と並んで歩く霧雨の
G　　　F#7
北沢緑道
Em
抜いちゃいや
Bm　　　F#7
先にイかないで
Em　　　　Bm
一緒にイキましょ二人の
G　　F#7　Bm
心一つに淡島温泉

二、

Bm
血糖値が高くても
Bm
中性脂肪が多くても
Em　　　　Bm
前立腺が腫れてても
Bm　　　F#　Bm
好きなお酒はやめられぬ

Em　　Bm　　Em　　F#
貴方と並んで歩く霧雨の
G　　　F#7
北沢緑道
Em
濡れている
Bm　　　F#7
傘をさしましょう
Em　　　　Bm
一緒にイキましょ二人で
G　　　F#7　Bm
薪で沸かした代沢湯

G　C
ここは札幌、ススキノの
G　C
もとすり横町

※

五、
C
麻雀屋だったけど
G　C
今はゲーム屋さん
F　C
人通りだけは多いけど

G　C
ここは大阪、梅田の
G　C
もとすり横町

F
あとの祭りの
C
ここが噂の
G　C
もとすり横町
あ〜スリスリ
スリまくってホイホイ！
あ〜スリスリ
G
スリまくってホイ！

カ・イ・セ・ツ・？

島本慶

高田馬場という所には私、18歳からですからもぉ49年も出入りしていて、モチロン住んだこともあります。ですからこの街の移り変わりはずぅっと見続けています。

末井さんと出会ったのもこの街だし、バー「バッカス」も有りました。山崎一夫氏の雀荘は今も有ります。ただ、気になっていたのが駅近くの栄通りという飲食街で、店がコロコロ変わるんですな。山崎さんもこの街は長くて、「シマモトさん知らなかったの？　栄通りってのは昔から元すり横町って呼ばれてるのよ」だそうで、学生さんが多くて人通りがあるからお店をやると儲かるだろうと思われがちだけど、全然ヒマで、みんな元の資金を吐き出して去ってゆく、てぇことらしいっす。

新しい店ができても、いつもすぐ潰れちゃう。そういう場所って、ありますよね。元手をかけてそれなりにこだわって、ようやく自分の店を持ったんだろうに。悲しいだろうな。店をやめたあと、みんなどうしてるんだろう。もし負債を抱えてたりしたら、大変だろうな。いい店だったし、もっと通っておけばよかった。よくある話なんだろうけど。

Commented by **近藤哲平**

よろしくペーソス

うたほん

#37 もとすり横丁

作詞・作曲 島本慶　編曲 ペーソス

一、

C
昔からの夢だった

G C
小洒落た大人の居酒屋さん

F C
魚は直送　お酒も吟醸

G C
器ひとつに凝りまくる

G C
粋な趣味の店

二、

C
女房を何とかくどいて

G C
目出度く開店したけれど

F C
お客は知り合いぶぁっかりだ

G C
ここは九州、博多の

G C
もとすり横町

※

Am G
不動産屋は鉄面皮

Am F Dm7 G
内装屋さんは無表情

三、

C
ラーメン屋だったのに

G C
いつの間にやら立ち呑み屋

F C
今年いっぱいもつかしら?

G C
ここは東京、高田馬場の

G C
もとすり横町

四、

C
レンタルビデオ屋だったのに

G C
今は焼肉屋

F C
今度は何に変わるのか

四、

F#m
女好きなのは

F#m
歳のせいじゃない

Bm　　　　F#m
若い娘もオバちゃんも

C#7　　　　　F#m
奇麗に見えるから

Bm　　　　　F#m
それを老いと言うべきか

F#m
微妙

カ・イ・セ・ツ・？

島本慶

しかし、不思議と涙もろくなりましたよ。てゆーか、実は子供の頃から涙もろかったのは確かです。それはシネラマだっけか、大阪にいた子供の頃、「偉大な生涯の物語」という映画を授業の一環で生徒全員で見に行った時、もぉ眠くて眠くて寝ちゃったわけですよ私。

で、やっと終りかけの時、ちょいと見て大泣きですよ。その映画はキリストの生涯の映画で、十字架を背負って礫になるシーンでした。意味も無く号泣しましたよ。でもスグ復活したんですけどね。

あっそぉか！　子供とオヤジは同じか！　涙もろさが。てなわけで、まぉこの詞はようするにオヤジの言訳の詞ですよね。でも何となくそんな気分でしょ？

変な曲です。いい歌詞なんですが、なぜかスロー＆ディープな演歌調。そして、島本さんのヤバいハーモニカ＆末井さんのヤバいサックスが暴れまくる。「ビミョ～」のオチ（？）も謎。歳を取って知覚があいまいになっていく世界を、カオスな音楽性で表現してるのかなーよくわかんないなー。まあ、わかんない方が魅力的、ってことも、ありますからね。

Commented by 近藤哲平

よろしくペーソス
うたぼん
#38

涙腺歌

作詞・作曲 島本慶　編曲 ペーソス

一、

F#m
涙もろいのは

F#m
歳のせいじゃない

Bm F#m
乾いた心に潤いを

C#7 F#m
取り戻す為さ

Bm F#m
それを老いと言うべきか

F#m
微妙

二、

F#m
耳が遠いのは

F#m
歳のせいじゃない

Bm F#m
避けているのさ知らぬまに

C#7 F#m
世間のしがらみを

Bm F#m
それを老いと言うべきか

F#m
微妙

三、

F#m
忘れやすいのは

F#m
歳のせいじゃない

Bm F#m
この世が夢や幻と

C#7 F#m
気づいているからさ

Bm F#m
それを老いと言うべきか

F#m
微妙

三、

E B
高い処じゃ暮らせない
E C#m7 B
出来れば平屋で暮らしたい
C#m7 E
目立たずに　静かに
F#m7onA B E B9
ノホホンとしていても

E B E B
薄くなる　薄くなる
E C#m7 B
儲けもサッパリ薄くなる
C#m7 B E G#7
サイフが薄くなる

C#m7 F#m7onA G#7
薄くなれ　薄くなれ
E C#m7 B
暗示をかければ薄くなる
C#m7 B E
アナタは薄くなる
E B A B E
(よけいなオセワでゴメンナサイ)

カ・イ・セ・ツ・？

島本慶

正直言って黄昏れてますよ。令和なんて若者は意味も無く嬉しそうにハシャイでますけど、私みたいなジジィは関係有りません。だいたいペーソスのライブのお客さんはみんな大人ですから。

たとえば令和生まれの人が大人になる頃には、おそらく私はこの世にいないでしょう。黄昏れてしまいますよ当然。あらゆるものが薄くなってやがて消えてしまいますからね。

ただそれを加速させたくないって気分。令和に元号が変わったことで何となく加速されているような気がしてなりません。もぉいいやこんな世の中、なんて捨鉢になりそう。平成はよかったなぁ。などとやっぱりオジィちゃんか。焼酎のおかわり！　濃い目に！

きっとどこかたぶん南の方の島なんでしょう。ペーソスお得意のヨナ抜き音階のメロディが、ゆったりしたテンポで歌われる島の情景にハマってます。こんな風にのんびり暮らしてると、いろんなことがどうでもよく思えてくるんだろうな。じつは僕、この曲のオチの意味がよくわかんないんですが、それもどうでもいい気になります。

Commented by 近藤哲平

よろしくペーソス

うたぼん #39

島の黄昏

作詞・作曲 島本慶　編曲 ペーソス

一、

E　　　　　　　　B
争い事をさけながら

E　　　　C#m7　　B
この世の平和を願いつつ

C#m7　　　　E
おだやかにひそやかに

F#m7onA B　　　　E B9
ボンヤリしていたら

E　　　　B　　E B
薄くなる　薄くなる

E　C#m7　　B
頭がどんどん薄くなる

C#m7　　B　　E G#7
中身も薄くなる

C#m7　F#m7onA　G#7
薄くなる薄くなる

E　　　C#m7　B
家族の絆も薄くなる

C#m7　　B　　E
子種も薄くなる

二、

E　　　　　　　　B
地震の揺れが心地良く

E　C#m7　　B
温泉気分の放射線

C#m7　　　　E
たおやかにしなやかに

F#m7onA B　　　　E B9
ノンビリしていたら

E　　　　B　　E B
薄くなる　薄くなる

E　　C#m7　　B
記憶も何だか薄くなる

C#m7 B　　E G#7
影も薄くなる

C#m7　　F#m7onA G#7
薄くなる　薄くなる

E　C#m7　B
人間関係薄くなる

C#m7　　B　　E
メールも来なくなる

D　　G　　Bm
いつも優しかったアヤちゃんも
G9　　Bm7　　A
笑顔の可愛いマナちゃんも
Bm　　Bm△7　　Bm7　　E7(9)
良い匂いがしたサトコちゃんも
A　　C△7　　D
ボーイッシュなミユキちゃんも
Em　　D△7　Bm　　Bm7
マユミちゃんに　セッちゃんも
Em　　Em7　E7　　A Aaug
カスミちゃんに　リエちゃんも
D　　G　　Bm
ウサギちゃんは元気にしてるかな
G9　　Bm7
チズコ！　キョウコ！
A
サワ！　リエコ！　マキ！
D　　Gm　　D
コユキ！　ヨシコ！　ユリ！
A　　C△7　　D
デビにエリツィンにカズコ！
Bm Bm△7　Bm7 E7(9)
心残りな人が
A　　C△7　　D△7 D
ちょいと多すぎるかな

カ・イ・セ・ツ・？

島本慶

お爺ちゃんになると、そりゃあもぉ心残りな人がいっぱいいます。そんなことをシミジミ考えるような歳になりましたよ。でもそれ以上に忘れちゃった人とかも、その何倍もいるはずです。

四谷三丁目の東陽片岡さんの店「秋田ぶるうす」でライブをやった時、50年ぶりくらいに会った上野君。最初は誰だろう？　と解んなかったんです失礼なことに。でも想い出しました。さほど親しい関係では無かったけど、しっかりアノ頃（高校生）の彼の顔が何とか蘇りました。

でもその時、名前は出てこないけど、女のコの顔はいっぱい蘇りまくりました。男の顔？　全然。

しっとりした三拍子のリズムに乗って、いままで出会った女性の名前を連呼するだけ、という、ある意味シュールな曲。誰にも、心残りなことってあるもんです。忘れていた人の笑顔が、ふとした瞬間に浮かんでくることもある。そうした記憶って、きっと歳をとるごとに増えていくんだろうな。悪いことも、いいことも。

Commented by 近藤哲平

よろしくペーソス

うたぼん #40

心残り

作詞 島本慶　作曲 島本慶、米内山尚人

編曲 米内山尚人

一、

D G Bm
心残りな事が

G9 Bm7 A
生きてりゃ蘇る

D Gm D
忘れていた事とか

A C△7 D
忘れていた人とか

Em D△7Bm Bm7
あの人は今どうしてる

Em Em7 E7 A Aaug
あの人は元気にしてるかな

D G Bm
心残りな事は

G9 Bm7 A
隙間に潜り込む

Bm Bm△7 Bm7 E7(9)
夢に突然現れて

A C△7 D
微笑みかけて来る

Em D△7Bm Bm7
優しい人に巡り会い

Em Em7 E7 A
愛され続けているだろうか

二、

D G Bm
心残りな人よ

G9 Bm7 A
幸せで居るだろうか

D Gm D
それとも一人でパズルに

A C△7 D
手こずっているだろうか

Em Em7 Bm Bm7
ユキコちゃんや　サユリちゃん

Em Em7 E7 A Aaug
エミちゃんや　クミコちゃん

E B F# B
どうやら俺たちが最後になりそうだね

E B
あの頃は面白かった
E F#
末井さんがフルチンでカウンターを走ってた
E B D# G#m F# C#onF
心の痛みを忘れさせてくれた
C#7 B F# B
ウイスキーをあおりつづけてた

四、
B D#m
外反母趾で歩くのがつらいってのを
E B
無理矢理末井さんと抱きかかえて行った
E B D# G#m
温泉はいい思い出になったね

C#7 F#
混浴で2人とも小っちゃくて可愛いって
笑ってたね
E B D#m G#m
みんなで死に水を取るって約束したら

E B
涙、浮かべてウヒャウヒャウヒャと
D# D#7
笑っていた
E B D# G#m
ダミ声だったね　歳を隠してたけど
E B F# B
おつりはいいわよねが口グセだった

E B
にくめないいい笑顔だった
E F#
死に水をとる約束は果たせなかったけど
E B D# G#m F# C#onF
心の痛みを忘れさせてくれた
C#7 B F# B
バッカスというバーのママに
E B F# B
バッカスというバーのママに

カ・イ・セ・ツ・？

島本慶

この曲を歌っていると、何故か泣いている女性を見かけます。それは北海道の札幌でライブを演った時もそうでした。モチロン下北沢で演った時も。

でもその女性たちに共通しているのは、みんな水商売の経験をお持ちの方たちってこと。東中野の「リズ」のママも現役なのに泣かれます。「それ、ワタシのことを歌ってるの？」と同じことをみんな言います。

でまぁ私思うんですけど、みんな優しい人なんだなぁと。スナックやバーって、意外と本音で語り合ってる世界なんだなぁって気づかされました。

そしてみんなオッパイがキレイ！　かどうかは見てないから解りませんが。

バッカスって、どんなバーだったんだろう。店での些細なエピソードを歌うだけ。どれも決していわゆるいい話ではなくって、ママも全然いい人ってタイプではなさそうなんだけど、行ったことないのになんだかあったかい気持ちになります。心の痛みを忘れさせてくれる場所になんて、なかなか出会えるものじゃありません。

Commented by 近藤哲平

よろしくペーソス

うたぼん #41

Barバッカスにて

作詞・作曲 島本慶　編曲 ペーソス

一、

B　D#m
何だか濃くないかこのウイスキー
E　B
おかわりする度に濃くなってる
E　B　D#　G#m
来る度にボトルがカラになってるし
C#7　F#
まあ、気持はわかるけどな

E　B　D#m　G#m
客が減ってるって？　どこも同じさ
E　B　D# D#7
俺たちだって無理してるんだよ
E　B　D#　G#m
サイコロはあるかい？　チンチロでもしようか
E　B　F#　B
勝負しようぜ　天井100円だけどな

E　B
声を出していこうか
E　F#
一晩中気合いを入れるぜ
E　B　D#　G#m F# C#onF
心の痛みを忘れさせてくれる
C#7　B　F#　B
ウイスキーをあおりながら

二、

B　D#m
ママの水着の写真はもう何回も見てるって
E　B
そういえば子供がいたんだってね
E　B　D#　G#m
理由有りみたいだから何も聞かない
C#7　F#
豆でももらおうかな

E　B　D#m　G#m
そういえばこの前あの山ちゃんがたまさか
E　B　D#D#7
女のコといて泣いていたね
E　B
カラオケはいいよ
D#　G#m
そんな気分じゃないけど
E　B　F#　B
歌うんだったらペーソスのある歌を

E　B
教えてくれたよね
E　F#
歌は立って、ひたむきに歌うってことを
E　B　D#　G#m F# C#onF
心の痛みを忘れさせてくれる
C#7　B　F#　B
ウイスキーをあおりながら

三、

B　D#m
しばらくごぶさたして悪かったね
E　B
医者に酒を止められたからさ
E　B　D#　G#m
人ゴミの中で「このはくじょう者！」なんて
C#7　F#
叫ばれたことも今では
E　B　D#m
関西弁の客にババア呼ばわり
G#m
されていたね
E　B　D#D#7
客として悲しい気分だったよ
E　B
昔の常連さんは
D#　G#m
みんな消えていったからね

三、

Abm
人はいとしくて可愛くて
Dbm　B　Bbdim Eb7
街はどこも懐かしい
Abm
でもワケもなくただ
Dbm　Eb7(#9)　Abm
イラついているばかり
Gb
1日、1度も
B
電話がかからない日がある
Dbm　E
1日、1度もかけない
Eb7E7Eb7
日がある

Abm　E6
半分死んでるような
BΔ7　Eb7
ものだけど
E　Fdim　Abdim
どうにか意識だけは
Eb7
あるみたいよ
Abm
私はいったい何を
Dbm　Eb7(#9)　Abm
忘れてしまったんだろ

カ・イ・セ・ツ・？

島本慶

沖山秀子さんのライブを、下北沢の「レディージェーン」で聞いていて、「あらシマちゃん来てたの？　終わったら家に来てよ朝まで飲もうよ」と誘われたのは、実は旦那さんが某日刊ゲンダイの担当デスクだったからです。

一応迷惑だと思い辞退させて頂いたんだけど、本当はちょいとお伺いしてみたかった。ところでこの曲は、沖山秀子さんがライブ中にブラジャーのパットがスルッと下に落ちたのを見て出来た曲です。

その後、訃報を聞いてから何故か私、この歌を以前より力んで歌わざるを得なくなりました。それは今も続いています。でも旦那さんのCさんとは、リタイヤされた後も毎月飲んでいます。関西の方ですから気が合うし。

僕はもともと忘れっぽいんです。忘れ物も多いし、出来事もすぐ忘れちゃう。昔のことなんて覚えてないどころか、何が事実で何が妄想か、本気で区別がつかない。でも、別に困ることはありません。同じ映画を何度でも楽しめるし、予想外の場所からお金とか出てきて得した気分になります。嫌なことは忘れて、楽しいことは何度でも味わえる。それでいいじゃないですか。

Commented by 近藤哲平

よろしくペーソス

うたぼん #42

私はいったい何を忘れてしまったんだろ

作詞・作曲 島本慶　編曲 ペーソス

一、

Abm
私はいったい何を
Dbm　　B　　Bbdim E7
忘れてしまったんだろ
Abm
ここに何がやりたくて
Dbm　　Eb7(#9) Abm
やってきたのかな

えーっと、
Gb　　　B
何の話をしていたんだっけ?
Dbm　　　E
あぁ、人の名前が
Eb7 E7 Eb7
出てこない

Abm　E6
明るい人を見ると
B△7　　Eb7
なぜか落ち込み
E　　Fdim　Abdim
優しい人に会えば
Eb7
暗い気持ちになる
Abm
私はいったい何を
Dbm Eb7(#9)　　Abm
忘れてしまったんだろ

二、

Abm
華やいだ頃のように
Dbm　B　　Bbdim Eb7
心はざわめくけど
Abm
人はセックスしなくったって
Dbm　　Eb7(#9)　Abm
生きてゆけるのよ

Gb　　　　B
私は何を云ってるんだろう
Dbm　　E
今、何を歌ってるん
Eb7 E7 Eb7
だろう

Abm　E6
足元に落ちた
B△7　　Eb7
ブラジャーのパット
E　　Fdim　Abdim
持って出た日傘は
Eb7
どこへ行ったの?

Abm
私はいったい何を
Dbm　　Eb7(#9)　Abm
歌っているんだろう

Bm Em
行き場の無いままに

C△7 G
そのままあても無く

Bm Am7 G
歩き続ける　獣道

四、

G Am
枯れ葉が舞い落ちる

G Am
カラスが泣いている

C Cm G D7
朽ち果てそうな　板べいに

G Am
倚りかかりながら

G Am
ソフトクリームを頬張れば

C Cm G
子供が指を　咥えてる

Bm Em
自分の影を

C△7 G
踏みながら立ち去れば

Bm Am7 G
息せき切って　前屈み

Bm Em
あなたに逢いたい

C△7 G
あなたに逢いたい

Bm Am7
溢れた言葉が

G
風に舞う

カ・イ・セ・ツ・？

島本慶

私の父は98歳で亡くなりました。それまではボーッとして生きてました。なんせ大正生まれで、70代半ばまでクルマの運転をしていましたが、ある時は帰りの道路が解らなくなってクルマの中で寝て、明るくなってから帰って来たことがあります。

以来、クルマをやめてからは歩いての徘徊です。アレ？　どっか行っちゃったと探していると、女性のヌードの銅像のオッパイを触っていたのです。父はすでに先に亡くなった私の母を探していたのです。

そんな父のことを想い出しながら書いたのがこの曲の詞です。ヘビースモーカーだった父は亡くなるまるでタバコを欠かしませんでした。いや、1カ月前にやめてたかなぁ？

島本さんて、ただの酔っ払いエロおやじかと思いきや、こういう歌詞を書くから参っちゃう。歌詞だけでもすごくいいんだけど、メロディと合わさるとさらにいい。ボケてしまったお父さんを想って書いた曲だそうなので、気持ちもこもってるんでしょうかね。いつか島本さんに、そこらへん聞いてみたいですね。酔っ払いすぎていないときに。

Commented by **近藤哲平**

よろしくペーソス

うたぼん #43

徘徊

作詞･作曲 島本慶　編曲 米内山尚人

一、

G　　　Am
物干し竿が

　　G　　　　Am
見える家の裏路地で

C　　　　Cm　　　　G D7
風鈴の音に　振り返る

G　　　Am
走り抜ける

G　　　　　　Am
子供達のざわめきに

C　　　　Cm　　　G
立ち止まり　よろめきながら

Bm　　　　　Em
そのまま何処かへ

C△7　　　　　G
そのまま何処へでも

Bm　　　　Am7　　　G D7
たどり着けない　この路を

二、

G　　　Am　　G
雨上がりの　裏路地の

　　　Am
曲がり角で

C　　　　Cm　　　G D7
水溜まりを　避けながら

G　　Am　G　　　　　Am
うずくまる　ガマガエルに驚いて

C　　　　Cm　　　G
一声掛けて　またいだり

Bm　　　　　Em
そのまま何処かへ

C△7　　　　G
そのまま何処へでも

Bm　　　Am7　　　G
気の向くままの　迷い路

三、

G　　　Am
夕げの支度の

　G　　　　　　Am
匂いのする裏路地で

C　　　　Cm　　　　G D7
くわえ煙草で　うつむけば

G　　　Am
前を横切る

G　　　　　　　　Am
ひょこひょこ歩きの猫に

C　　　　Cm　　　G
睨まれたような気がする

C F C
カメラがあなたを見つめてる
C G G7
心がレンズに宿ってた
C ConE F C
切なさにすり替わるけど
C#dim ConD G7 C
じっと見つめ続けていた

F C ConE
日々の暮らしは今も
Dm7 G C
人や街や空や風や
Dm C
それぞれの仕草や声や音
G F C
すべてが語りかけて来る

G C E7 Am7 F
それが今も明日に向かう
Dm7 G F C
センチメンタルな旅

カ・イ・セ・ツ・？

島本慶

　これはもぉ、アラーキーこと荒木経惟さんの代表的な写真集のタイトルの曲そのままです。そんな大それたタイトルの曲を作っていいのかと思いましたが、荒木さんが作れとおっしゃるので、ヤッタネ！　と想いつつも大丈夫か！ とちょいと不安でしたが、何とか出来てCDも出させて頂きました。

　実は今も新しい荒木さんの曲を作っています。「梅ヶ丘墓情」って、墓なんですなこれが。うーんこれは大変だと悩んでおります。この本が出る頃には出来ていなきゃならないんですが。

　それにしても末井さんも私も荒木さんとは長いおつき合いです。末井さんは、島本さんの方が先にイクねだって。そうなのかなぁ？

アラーキー（荒木経惟）に捧げた曲。ペーソスは毎年、荒木さんの誕生日に曲をプレゼントしてるんです。これはいわゆる「いい曲」ってやつですよ。荒木さんと長年仕事をしてきた島本さんだからこそ書ける歌詞でしょう。写真のことは分からないけど、グッときます。それにしても、こういう曲でも気負わず自然体で演奏できる末井さんはすごいな。

Commented by 近藤哲平

よろしくペーソス

うたほん #44

センチメンタルな旅

作詞・作曲 島本慶　編曲 米内山尚人

一、

C　　　　　　　F　　　C
カメラがあなたを見つめてた

C　　　　　　G　　G7
心がレンズに宿ってた

C　　ConE　　F　　　C
切なさにすり替わるけど

C#dim ConD　　G7　　C
じっと見つめ続けていた

C　　　　　　　F　　C
この手にカメラと花束を

C　　　　　　G G7
この手に温もりを

C　　ConE　　F　　C
出会った時のそのままに

C#dim ConD　G7　　C
強く抱きしめていたい

C　　　　　　F　　　C
七月の空は愛に包まれる

C　　　　　G　　　G7
流れる雲の隙間から

C　　ConE　　F　　　C
目映い光が差し始める

C#dim　ConD　　　G7　　C
そんな空ばかりを見つめてる

F　　　　　　　　C ConE
日々の暮らしの中に

Dm7　　G　　　C
見るべきものがあり

Dm　　　　　　　C
語るべきものがある

G　　　　F　　　C
関わり続けたいものがある

G　　　C　　E7　　　Am7 F
それが今も明日に向かう

Dm7　G　　　F C
センチメンタルな旅

二、

C　　　　　　　F　　　C
すべては貴女との出会いから

C　　　　　　G G7
時が流れ始めた

C　ConE　　　F　　C
聞こえてくるよその声が

C#dim ConD　　G7　　C
強くあなたを抱きしめる

三、

（サビ）

C#m
寒さの残る春先の

F#m　　　　　E
緑道の木立に

F#m　E　　G#sus4 G#
咲いた桜を

F#m　　　E　　　　B　　G#m　　C#m
もう一度見ることが出来るでしょうか

F#m　　　E　　　　B　　G#m　C#m
もう一度見ることが叶うでしょうか

カ・イ・セ・ツ・？

島本慶

いつまでも元気でお酒を飲んで馬鹿やっていたいと思うんだけど、人は生まれて死ぬのが唯一間違いないこと。よく散歩していると、他の人たちにどんどん抜かれてゆきます。春になって、桜を見ていてもスグに散ってしまい、全部若々しい葉桜になって、さぁて来年に向けて生きるぞぉ！　って私には見えます。でも、いつかは見れない時が来る。それが何か淋しい。まいいや、死ぬほど酒も飲みまくったし、素敵な人にも出会えたし、それにけっこう疲れてるし。もぉいいや。

と思いつつ、とりあえず東北沢の「石川湯」でひとっ風呂浴びて、それから「熊八」で一杯飲ろう。もうちょっと酒を飲みたいしなぁ。もうちょっとだけ。

レゲエ・ナンバー。哀愁あふれるペーソスのメロディが南国ジャマイカのリズムと融合したハイブリッドさが笑いを誘う。ジャパニーズ・レゲエ新時代の幕開け、になるはずが、斬新すぎてレゲエ業界からは黙殺されている。この曲がビーチでかかってビキニ・ギャルがマリファナをキメて踊り狂ってるのを想像…やっぱダメかな。

Commented by 近藤哲平

よろしくペーソス

うたほん #45

陽溜まり

作詞・作曲 島本慶　編曲 米内山尚人

一、

C#m
陽射しが強くて
C#m
灼けるような暑さの

F#m　　　　　　　　G#
蒸し風呂みたいに茹だる
F#m　　　E　　　G#
目もくらむ直射日光が
F#m　　　　C#m　　　B
暑くて暑くて暑くて暑い！

C#m
真夏日の午後
F#m　　　　E
公園の木陰の
F#m　　E　　　G#sus4 G#
揺れる日溜まりを
F#m　　　E
もう一度見ることが
B　　G#m　　C#m
出来るでしょうか

二、

C#m
風が乱吹く中で
C#m
突き刺さるような寒さの
F#m　　　　　　G#
鳥肌が立ちまくって
F#m　　　E　　　G#
頭の芯まで凍りつく
F#m　　　　C#m　　　B
寒くて寒くて寒くて寒い！

C#m
真冬の午後
F#m　　　　E
自転車のサドルを
F#m　E　　G#sus4 G#
覆う白い雪を
F#m　　　E
もう一度見ることが
B　　G#m　　C#m
出来るでしょうか

F#m　　　　C#m
寒くて寒くて寒くて暑い！
F#m　　　　C#m
暑くて暑くて暑くて寒い！

四、

Dm　　　Gm
ドイツワインはね
Dm　Bb　Edim　A
近頃辛口も増えてます

Dm　　　Gm　Bb
ゆっくり熟してしなやかに　でも
A　　　　　　Dm A Dm
甘えんだよとしかられた

Dm　　　Gm　　Bb
赤飲まない　白飲みながら
A　　　Dm A Dm
赤飲まない
Dm　　　Gm　　Bb
白飲んで　赤飲まないで
A　　Dm
白を飲む

五、

Dm　　　Gm
ワインがマズイとき
Dm　　Bb　　Edim　　A
コクがなければオリーブオイル
Dm　　　　Gm　　Bb
動物くさけりゃショウガニンニク
A
ヤギのチーズくせえ！
　　　Dm A Dm
としかられた

Dm　　　Gm　　Bb
赤飲んで　白飲まないで
A　　　Dm A Dm
赤を飲む
Dm　　　Gm　　Bb
白飲んで　赤飲まないで
A　　Dm
白を飲む

Dm　　Gm
あ〜面倒くせえ
A　　　　Dm A Dm
ロゼにしよ！

カ・イ・セ・ツ・？

島本慶

ワインの赤を飲むと朝、歯を磨くのが大変です。だから最後は白か、もしくは焼酎を飲むようにしています。そうすると少しはましです。でも赤の方が好きなんですけどね。

肉系をツマミにすっと、赤は合うけど魚のお刺身とかだと白も美味しく感じるのが不思議ですねぇ。上手く出来てますねぇ。肉ばっかり食ってんじゃねぇよ！　魚も食わなきゃ！って叱られてるような気がして嬉しいかぎり。だって魚も大好きなんだから。

この赤と白という曲は、♪肉食って魚食わないで肉を食う、みたいな気がしてきました。でも、魚が出てくると、ついつい日本酒にいっちゃうんですよね。シャケの脂身、皮が美味しいねぇ、やっぱ熱燗かな？

歌詞だけだと単なるダジャレなんですが、振り付けというか、島本さんのアクションが最高なんですよね。サビもキャッチーだし、ライブでのインパクトはなかなかです。これ、実話ベースで、赤ワインと白ワインを並べて交互に飲む人がホントにいたそうなんですよ。みなさんもぜひ試してみてください。この曲をBGMにして。

Commented by **近藤哲平**

よろしくペーソス

うたぽん

#46 赤と白

作詞・作曲 島本慶　編曲 米内山尚人

一、

Dm　Gm
ワインを飲む前に

Dm　Bb　Edim　A
温度やグラスに気をつけてね

Dm　Gm　Bb
デキャンタージュで味も変わるし

A　Dm A Dm
オリが悪かった

Dm　Gm　Bb
赤飲んで　白飲まないで

A　Dm A Dm
赤を飲む

Dm　Gm　Bb
白飲んで　赤飲まないで

A　Dm
白を飲む

二、

Dm　Gm
フランスワインはね

Dm　Bb　Edim　A
ブルゴーニュとボルドーさ

Dm　Gm　Bb
力強くてエレンガント

A　Dm A Dm
シャブリたかった

Dm　Gm　Bb
赤飲んで　白飲まないで

A　Dm A Dm
赤を飲まない

Dm　Gm　Bb
白飲まない　赤飲みながら

A　Dm
白飲まない

三、

Dm　Gm
イタリアワインはね

Dm　Bb　Edim　A
ピエモンテとトスカーナ

Dm　Gm　Bb
酸味がしっかりストレートで

A　Dm A Dm
バローロ！　としかられた

Dm　Gm　Bb
赤飲んで　白飲まないで

A　Dm A Dm
赤を飲む

Dm　Gm　Bb
白飲んで　赤飲まないで

A　Dm
白飲まない

Visual Column

ベーソスさんのパートナーたち3

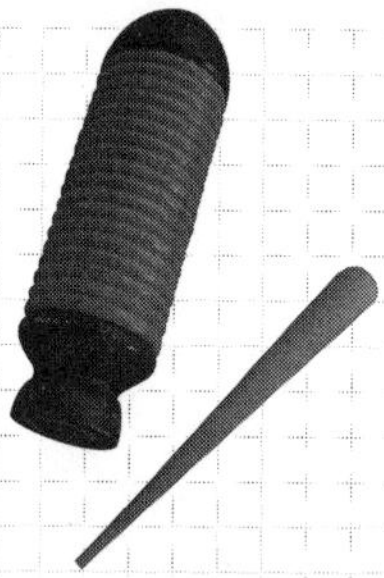

ギロ

玩具ですが「チャチャチャ居候」のPVにも登場。

タンバリン

小型のタンバリン。軽いから、コントロールが楽だし、ずっと振ってても疲れない。やっぱ疲れないのが一番！　かさばらないのもいい。（近藤）

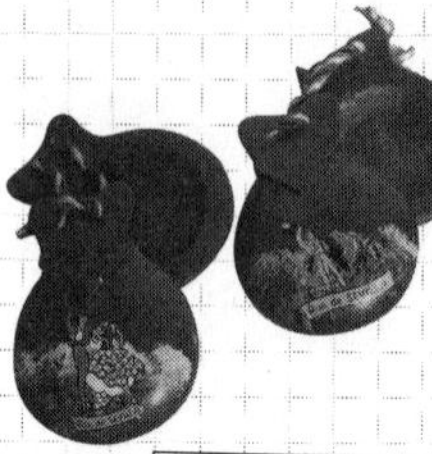

カスタネット

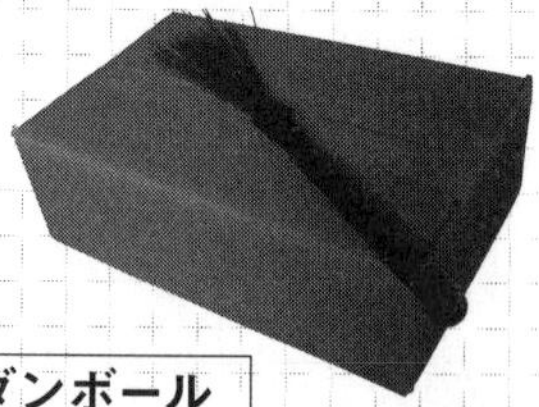

ダンボール

叩けば立派な楽器に♪

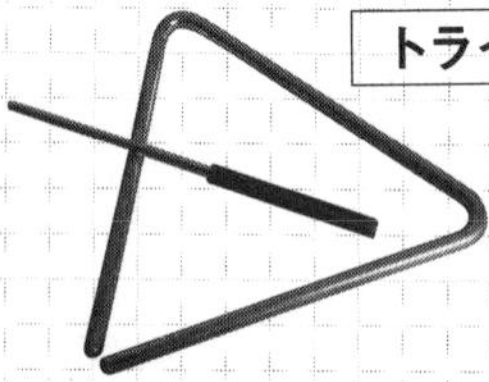

トライアングル

マラカス

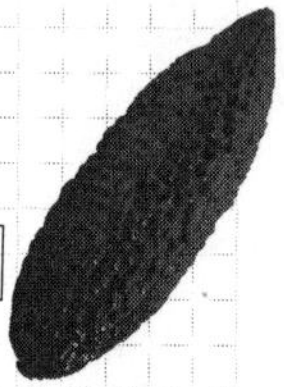

シェイカー

鍵盤ハーモニカ

オーソドックスなものからレアものまで、ここでは近藤さんの愛器からライブで目にすることのできるものをご紹介。どのライブ会場で会えるかはお楽しみ♪

写真（タンバリン以外）：近藤哲平

赤と白

A
ワインを飲むまえ　に　おんどやグラスに　気をつけてね
デキャンタージュで　オリ　が　悪かった　ハイッ！
あじも変わるし
B
あか飲んで　しろ飲まない　で　あかを飲む　しろ飲んで
あか飲まない　で　しろ飲まない

ペーソスいろは歌留多

スマイリー井原　作
島本慶　イラスト

け〜す

け　ゲイは身を慎む
——意外と身持ちが固い

ふ　武士は桑名で高飛び込み
——静岡の海でダイブ

こ　転ばぬ先の笛
——前のめりになったらサックスで支える

え　縁の下の力なし
——支えられないでしょ、力ないし

て　敵は本町六丁目にあり
——敵、誰？

あ　アキラ隠して哲平隠さず
——末井昭はペーソスの秘密兵器

さ　猿模擬試験に落ちる
——そりゃ落ちるでしょ、猿だから

き　聴いて誤解も観て納得
——ペーソスはライブ観なきゃわからない

ゆ　油断たいてい
——いつも油断してますし

め　目の上の利尻昆布
——高級品だから買えない

み　身から出た侘び
——ついつい哀愁が滲み出てしまう

し　知らぬはほっとけ
——どうせ話しても理解できないだろうし

ゑ　宴ハイなもの明日もろ
——呑んじゃったなぁと吐きながら後悔する

ひ　貧乏肥満無し
——食べられないんだもの

も　餅はモティア
——シチリア島の塩で味付けすると旨いらしい

せ　先端は雙葉より女子学院
——東京の女子高最高峰らしい

す　スルメ夏まで戻し忘れる
——腐っちゃうよ

スマイリーの
Column 3
歌留多だヨ！全員集合

末井昭が「スマイリー適当に埋めといて」と言うので、酔った勢いで小一時間で作りました。もっと面白いものを考えてくださいましたら、ぜひご提案ください。本著が重版出来の際に、御作と差し替えますので。

ペーソス音楽の背骨《カナメ》

ギター

米内山尚人さんに聞く

ペーソスとその音楽と私

２０１１年９月よりペーソスの二代目ギタリストとなった米内山さん。ペーソスのほとんどの楽曲の作詞・作曲を担当する島本さんもその感性を絶賛、他メンバーからの信頼も厚いペーソスの最年少メンバーの横顔に迫ります。

＊＊＊

――まず、米内山さんがペーソスを初めて知った時期、関わられるようになったきっかけからお聞かせください。

２０１１年の７月頃でしょうか、当時30歳の僕は酒浸りでした。いつも行く西荻のバーにいつものように入ると、マスターが「おい！ 尚人！ オマエはコレに入れ！」と言って、渡されたマルボロの包み紙には汚い字でペーソスのことが書いてありました。

ちょうど前のギターの岩田さんが抜けるというので井原氏が旧知の仲であるマスターに頼ったのでした。

マスターが紹介してくださるというのでペーソスのライブに行き、怨念のような曲を浴びさせられ、「コレに入るのかぁ……嫌だなぁ」と思っているうちに最後の曲です。どう断ろうか考えていたら「焼酎のお湯割をもう一杯」という曲が僕の荒んだ心のスキマに入ってきました。

終わった後、島本さんが「いつからやってくれますか？」と、しじみみたいな目で言ってきました。僕は困って「実力がわからないと思うのでオーディションしてください」と言い、後日スタジオに入って加入と相成りました。

――初めてペーソスの音楽、島本さんの歌を聴かれたときの印象は？

島本さんは良い声だなとは思いましたが上手くないし詞は暗いしで困惑しました。良い曲もあってさらに混乱しました。後日初めて飲んだ時に優しい気遣いのある人だなと思いました。

初めて観たライブは岩田さんのギターが独特で興味深かったです。井原氏の司会という存在もいいなと思いました。末井さんがゲストで来ていましたがとにかくめちゃくちゃでした。全員がバラバラですごかったです。

――ここで、米内山さんのペーソス以外の音楽活動について教えていただけますか？

僕自身はソロＣＤ「尚人／Naoto」(©Bitch Record)を出したり写真家の野村恵子さんとＤＶＤ「Soul Blue」(©Bitch Record)を出したりしています。

バンドは、

・哲平さんとデュオで「ムードクラリネットの夜」

・タブレット純さんと「タブレット純と東京ベルサイユ宮殿」というバンド

・青森出身のシンガーうなじさんとデュオなど他にもいろんな方のギター伴奏をやっています。

普段は広告、演劇、映像音楽を作っています。マニピュレーター（打ち込み）としても活動しています。

――さまざまなプロミュージシャンと活動されることも多い米内山さんから見た、ペーソスのバンドとしてのスタンスは？

練習しないし妙にエラそうだし生意気です。でも人間的であり音楽的であります。振り幅の広さは唯一無二だと思います。こんなペーソスが活動できる日本の音楽界は豊かだと思います――って、生意気ですかね。本当は売れてないから放置されているだけなのかもしれません。もっと知っていただくべく活動したいと思っています。

――ペーソスの音楽を他の同業の方などに紹介されるとき、言葉ではどのように説明されていますか？

「おやぢ（島本さん）の悲哀を歌う歌謡バンド」です。歌謡曲ってどのジャンルでも何やってもいいのでバラエティ豊かです。

――六角さんと島本さんの対談で六角さんが「夫婦冷やっけぇ」のプラモデルのくだりがいいよねと言われた際、島本さんがあれは米内山さんから（出たもの）、と言われていましたが、次に、お二人の普段の曲作りの様子について教えていただけますか。

まず、島本さんが気になった事柄を元に詞を書いて鼻歌でメロディーを作ります。酒を飲む前はだいたいテンションが低いのでモゴモゴして音程がわかりません。

僕は島本さんのテンションを上げて音程をハッキリさせてコード付けします。

一番と二番の文字量も違うので詞に意見を言います。この方が面白いとか二人でふざけたりすることもあります。ある程度まとまったら一緒に演奏してみます。さっきとメロディーが違います。直します。また違います。直します。と繰り返し、完成します。完成してもしばらくはライブで間違うのでとにかく演奏するのみです。たまに僕がメロディーから作ることもあります。

――島本さんは米内山さんのお父様と同い年とのことですが、一緒に曲作りなどをされていて何か思われるところは？

島本さんは側から見たらどうでもいいことにこだわったりわがままだったりしますが、大事なことに無頓着です。ですが、どうでもいいことは反面大切でもあるし

生き様な所でもあるので見守っています。それがあるからあの優しい目線があるとも思っています。

大事なこととは表現するための地道な努力とかちゃんと話すとかです。そこらへんは父とそっくりなので島本さんを通して父を見ている部分もあります。

ライブ中頑張っている姿を見るのは嬉しいですね。

――ほかにペーソスにいて気づいた、見えてきた、といったことがありましたら。

その人を受け入れると何か素敵なことが見つかる。ということを学びました。

音楽的にも良い意味で豊かになった気がします。

高齢バンドなので諸行無常を感じる日々です。それはとても有り難いことです。

――ペーソスの他のメンバーの方の音楽性について「面白い、すごいな」と思われることは？

島本さんがある時、曲を作ってきて「サンバ風にお願い！」と言ってきました。でもメロディーは歌謡のそれです。そういうことがよくあります。結局はスペイン風になりましたがこの無理矢理感が歌謡曲ですね。曲は「ビバ！漏れニーニョ！」です。

末井さんは大阪ツアーの打ち上げで「島本さんが歌うからサックスが目立たない」と言いました。荒唐無稽で衝撃的な発言を受け、歌メロをなぞる末井スタイルに納得した夜です。

哲平さんはれっきとしたミュージシャンですが、思いっきり脱力も出来るすごい人です。初めて寄席に出た時にやることがないと言って、頼んでもいないセクシーダンスを踊り出して客席を沸かせていました。変な頼もしさがあります。

井原氏は最近長いと言われている司会と魅惑の低音ボイスが魅力です。変な小道具が多いので一番芸人っぽいです。ステージと普段のオンオフがハッキリしています。それを見分ける方法はメガネをしているかそうでないかです。

――それでは、他のメンバーの方の人間性について「面白い、すごいな」と思われることは？

島本さんはおもちゃの紙幣を持ち歩いていて誰かを騙そうとしています。何のつもりでしょうか。

末井さんがサックスのフレーズを考えて来た時、あまりに伴奏と合わなくて悩んでいたら一小節ズレていました。トリッ

キー過ぎます。

　哲平さんはよく会場に忘れ物をします。「ちゃんと見ててくれないと困るよ〜」と言います。何なんでしょうか。

　井原氏は司会中に横やりを入れると混乱します。是非客席からお声がけください。

——ペーソスの音楽作りで意識しているツボ（守っている枠）のようなものは？

　伴奏楽器が僕のギターだけなので、歌詞とメロディーからくる世界観が生きるようにアレンジしています。ベースラインを弾きながらの演奏は前任の岩田さんから学習しました。島本さんが間違えないように歌メロを弾くこともあります。シンプルだけど玄人好みな伴奏スタイルになっているかと。

　あと、僕なりにふざけることも忘れないようにしています。

——ペーソスの音楽、ここをもっと意識して聴くと面白いかも、といったことがありましたら教えてください。

　ライブバンドなのでやはりライブにご覧いただきたいです。

　島本さんの謎の動き、末井さんのテナーもんやサックスとリズムを破壊するパーカッション、哲平さんの豊かなクラリネットに過剰なステージング、井原氏が司会中の他のメンバーの自由っぷりに負けじと僕がキッチリ演奏する様子。などに注目していただくとよろしいんじゃないでしょうか？

　あと、島本さんの詞って優しい瞬間があるんですよね。そこにハッとするかもしれません。

——ペーソスというバンド、音楽に関して、ご自身が面白いと思うことは？

　普通こんなこと歌にしないし、人前で歌おうと思わない曲をやるところです。そんな曲がたくさんあります。たまに良さげな曲もあります。島本さんの幅広い目線は素敵です。

——ペーソスに関して特に気に入っているところを教えてください。

　ギターを弾くのが好きなのでとにかく弾けるところでしょうか。

　あとはユルさですかね。一応みんな一生懸命演奏しています。

——最後に、ペーソスがこうなるといいなというところについてお聞かせください。

　せめて一回は売れたいですね。多くの人に観ていただけたら女へんで嬉しいです。

　僕はギターなので一人座りながら立ち続ける年上メンバーたちの背中を見てきました。

　だんだん痩せ細ったり背中が丸くなったりしています。オナラをするのはやめてください。逃げられないので。

　やりたいことがあっても歳を重ねると難しくなることもありますよね。でも少しでも続けていれば何か素敵なこともある。と教えてもらいました。

　僕は一番年下なので必然的に皆を見送るおくりびとです。少しでも長く一緒に居たいもんです。もうすぐ誰か死ぬ風な発言ですね。

　追っても離れていくみんなの歳に追いついた頃にこんな素敵な仲間がいたら、それは素晴らしい人生なんだと信じています。

足を向けて寝られません！ ライブハウス／ライブスポット

ラ・カーニャ

東京都世田谷区北沢2-1-9　第二熊崎ビル地下1階　☎03-3410-0505

オーナーの岩下さんは働き者。ほとんど休み無しで店を開けています。こちらも有名なライブハウスですが、ライブが無い時も終わってからも、色んなミュージシャンがやって来て溜まり場みたいになってます。こちらではペーソス、年4回くらい演らせてもらってます。毎年6月が六角精児さんとのバースデーライブ。12月はクリスマスライブの24日に必ず演らせて頂いて恒例になってます。ちょいと他より大箱なので六角さんの集客力に助けられます。まぁ岩下さんにしてみりゃ一緒にライブやらなくて六角さんだけで演ってもらいたいってのが本音みたい。

LADY JANE

東京都世田谷区代沢5-31-14　☎03-3412-3947

この店は老舗のジャズバーで、週末や日曜日にはジャズのライブを演っている、まぁ有名店ですな。オーナーの大木雄高さんは洒落のわかる方で、たま〜に、ペーソスライブを演らせて頂いております。好みのミュージシャンが出る時は客として足を運びます。本当かどうか「もぉジャズは飽きちゃったよ。アンタ達の曲もたまには聞いてみたいから」などと酔った勢いでポロリと口走ったおかげで、シャンソンっぽくライブを演らせて頂いてたりして。そういえば昔のジャズ喫茶って、ジャズとシャンソンを交互に流していたみたいだから、肉と魚みたいなものなのかも？

FRIDAY

神奈川県横浜市中区長者町8-123　相模屋ビル3階　☎045-252-8033

ここはもぉ横浜を代表するライブハウスですよ。有名なミュージシャンが毎晩ライブを演っております。でも何で？　ペーソスに声をかけて下さるのか不思議です。オーナーの磯原さんは「いいんだよ。アタシが聞きたいんだから（笑）」とおっしゃってくれます。そのつど面白そうな対バンも組んで下さって、有り難いですな。たま～にワンマンで演って、３ステージ演ることも。老舗ですからねぇ、気合いも入りますよマジで。ただライブが終わるのが遅い時間なので、磯原さんとゆっくり飲めないのが、いつも心残りです。

道楽亭

東京都新宿区新宿2-14-5　坂上ビル1階　☎03-6457-8366

こちらはいわゆる席亭ですな。だいたい2カ月に1回は出させて頂いております。聞いてみればもぉ10年になるんですって？　おめでとうゴザイマス。席亭のオヤジさんはとってもいい人で、お客さんも常連さんですから、かなりリラックスして演らせてもらってます。ここでのライブは、いつも5人のフルメンバーです。何故かというと、終わってからの打ち上げが楽しいからです。カウンターの中の女性が、いつも美味しい料理をこれでもかと出して下さるからです。旨い酒と料理を楽しめるいい席亭さんですぅ。

まじかな

東京都中央区銀座7-3-13　2階　☎03-3573-5300

オーナーは写真家のナカジマさん。店名はどうやら逆読みみたいです。多くの有名な（海外も含めて）ミュージシャンを撮られていて、店内に飾られています。ペーソスが演らせて頂くことになったきっかけは、今は亡き加藤克明さんがナカジマさんと新宿ゴールデン街の「ビッグリバー」で隣合わせになったからだそうで、ペーソス応援団だった加藤さんが宣伝して下さったおかげなんです。でまぁナカジマさんも気に入って下さり、毎月1回はライブを演らせてもらっています。いいなぁ銀座って。ちょいと新橋に近いけど。

Bar HANA（ハナ）

東京都杉並区西荻南3-25-8　地下1階　☎03-5941-5712

以前は同じ西荻でも、少し離れた所にあったんだけど、今現在は駅の南口、ちょいと右の飲み屋街をズズいと行った右側の地下に移りました。小料理HANAからバーHANAに変わって、カラオケも歌えるようになりました。

ペーソスのライブは毎月演らして頂いております。でもここでのライブは3人。司会のスマイリーとギターの米内山君とボーカルの島本だけです。あくまでシンプルにって感じで。

そういえば、小林亜星さんが、始めて聞いてくださったのがこの店で、美人ママの大塚由美子さんが呼んでくださったんです。有り難いことですよ。

リズ

東京都中野区東中野1-31-7　☎03-3361-6990

いいっすよこの店。ママは元女優さんですよ。それにペーソスの「Barバッカスにて」という曲を演ると、必ず泣いてくれたりして。ここでのライブは、ちょいと狭いけど大盛り上がり。常連さんは年配の方が多いけど、最近は若い女性もふえていて楽しいねぇ。若いったって、ペーソスのメンバーから見れば40代50代は若いですから、てゆーかドンピシャですよ。あっそれと、ママが三味線を弾いて参加してくれることも。一応ここ居酒屋さんですから、終わってから出してくれる料理がまた旨いしねぇ。今度はいつ呼ばれっかかな?

秋田ぶるうす

東京都新宿区舟町4-1　メゾン・ド・四谷2F　☎03-3356-9955

東陽片岡氏は、とっても歌がお上手です。スケベが声に出てます。だからやらしいムード歌謡にピッタリなんです。まぁそれは置いといて、今は四谷三丁目は荒木町の飲み屋街でカラオケパブを経営されていて、ペーソスも年に2回くらいライブを演らせて頂いております。その時の総合司会は必ず東陽さんがやってくれます。このしゃべくりがまたエロい。バカ受けです。ライブ終了後は当然のようにお客さんのカラオケ大会が始まり、驚くのはみんなスゴク歌がお上手。なんでこんなに歌のうまい人ばっかりがペーソスを聞きに来る?　自分の方が上手いと言いたいのか?

Jealous Guy（ジェラスガイ）

石川県金沢市片町2-13-11　ミリオン片町ビル2階　☎076-234-0990

金沢に行くと必ずこちらで演らせて頂いております。ママさんがねぇ、チャオママっつってなかなかの美人ですよ。お客さんも通の人が多くて、色々と勉強になります。この片町という所はまさに夜の街ですから、お店を閉めて遅い時間にやって来るお客も多く、いつもディープな雰囲気。まぁ大人のライブハウスですな。ペーソスのメンバーで専属司会のスマイリーがチャオママに可愛がられております。店が終わってからアッチャコッチャ連れ回されてるみたいです。ここでライブを演ると、あぁ旅に出てるんだと実感出来ていいんです。

bar えん

大阪府大阪市中央区西心斎橋2-9-5　日宝三ッ寺会館2階　☎06-6211-1507

こちらもディープなバーというかライブ会場ですぅ。なんせ三ツ寺会館ですからねぇ。ママのヒロ子さんにはオセワかけっ放しです。お客さんを呼んで下さっていつもギッシリ。でもそれが妙に心地良くてグー。もぉ目の前にいるお客さんと顔を突き合わす感じで。それが面白いというか楽しい。メンバーも身動き出来ないまま演じるので、だあれもトイレに行けません。お漏らししてもいいようにオムツしてます。というのは冗談です。というわけで、やっぱり楽しいのは打ち上げです。その後、近くのジミーさんのバーを必ず覗くのがお楽しみ。

釜晴れ

大阪府大阪市西成区萩之茶屋2-7-5

大阪へ行くと、最近この店でライブを演させてもらってます。この店、いわゆる居酒屋さんですが、ライブも演りまくっています。それというのもママの早苗さんの旦那さんがアノ知る人ぞ知るカオリーニョ藤原さんなんです。元々ここを紹介してくれたのは、すどうみやこちゃんでした。いつも対バンで一緒に演ってくれる、オネェちゃん？ いやオバちゃん？ いやいやオッちゃん？ まぁそういう人です。まさにペーソスの対バンにピッタシ！ 元気にしてるかなぁ？ それにしても、みやこちゃんてチャーミングです。みんな大好きです。

もっと!

ペーソス オンステージ

Encore! Visual

写真◎金子山

浅草

ボーイズバラエティ協会会員となってからよく訪れる浅草。浅草フランス座演芸場東洋館、通称浅草東洋館は都内唯一のいろもの寄席。

多くの芸人たちが立った浅草東洋館のステージでワンマンライブ！　ペーソスにとっては大キャパの箱ながら2018年以降3度の公演を敢行。

年4回ほど出演する下北沢ラ・カーニャ。6月24日には六角精児さんと島本慶の合同バースデーライブも開催している。写真は2017年。

下北沢

「WORLD THEATRE FESTIVAL SHIZUOKA」5月6日夜の部、しりあがり寿presents「ずらナイト」出演。素敵なスポットでライブも大盛り上がり。

静岡

今だからこそ初めて口に、耳にする内容も多く飛び出した荒木経惟氏とペーソス島本慶、末井昭の鼎談（→P14）時の3ショット。

「ペーソスとはコラボしてる、
そういう気分はあるね。そうでなきゃ
やったって面白くないじゃん」
——荒木経惟

アラーキー氏79歳のバースデーでもある5月25日、荒木経惟写真展「梅ヶ丘墓情」レセプションで新曲を演奏するペーソス。（写真：神藏美子）

ステージの上で、横並びになったメンバー達の佇まいがもうすでに完璧なのです。照明に照らされるのが申し訳無く、音をマイクで拾われるのが申し訳無く、客席からの拍手が申し訳無く。その姿があまりにも実直で、すっからかんの裸の歌にほだされて、こちらは涙を浮かべながら笑ってしまうのです。

銀杏BOYZ　峯田和伸

大西ユカリさん与利

飄飄としているようで、していなくて、
ヒジョーに解り易い「オッサンあるある」な曲を情緒と余裕で演奏するところや、
賞賛しても「いやいや〜」とか言うて謙遜なさいますが、
制作物が、やたらしっかりとしていて、スキが無いところも
素晴らしいと常々思っています。
昨日今日では出せない皆さんの佇まいは、
歌唱力だの演奏力だのでは測れない魅力だと思います。
どうぞ健康でいらっしゃってください。

お気に入りのペーソスの歌

好きなのは、やっぱり**「霧雨の北沢緑道」**でしょうか。
島本さんの歌詞の表記はセクシーなんですよね。
フツーにオッサンなだけか（わははは）
あと**「独り」**も、口ずさめるワケではありませんが、
新大阪でキオスクの看板見ると思い出します。

ペーソス賛江

西原理恵子さん与利

ずっとファンです。最初の五回くらいで追っかけするのに飽きてしまって、そっからライブには行ってませんが、ずっとファンです。
風の便りに、スナックでライブをやったら、スナック全部の客より、ペーソスの人数の方が多かった…などの話を聞き、追っかけを止めた自分の責任を感じます。すいません、またいつか行きます。

お気に入りのペーソスの歌

「ああ連帯保証人」

島本さんはお人好しで、人にお金を貸し倒れてばかりでした。
あれから貸したお金はさらに増えていることでしょう。
この曲にさらにツヤが出ていることでしょう。

ペーソスへの素朴な疑問

シロートですいませんが、メロディが全部同じに聞こえるのですが…？
曲をもっとこう景気よくっつーか、流行りの外人の歌をパクってみてください。

ペーソス賛江

①ペーソスにひと言・メッセージ
②お気に入りのペーソスの歌　③ペーソスへの素朴な疑問

冨永昌敬さん与利

（映画監督）

①末井さんの『素敵なダイナマイトスキャンダル』を映画化できて宿願が叶ったうえに、それにかこつけてペーソスの皆さんに出演してもらえて（島本さんの熱演あり）、そのうえプロモーションビデオも撮らせていただいて（しかも3曲）、あとペーソスのおかげで僕は哲平と再会できて（なんつう偶然）、ほんとにペーソスさんありがとう・・・　ありがとう！

②「チャチャチャ居候」

岡田重信さん与利

（Bunkamura ル・シネマ支配人）

①20年近く前、アラーキーの還暦祝いの会場で初めてペーソスと出会った。変なおっさんが変な唄を歌ってるなぁというのが第一印象。しかし、何故かその唄がいつまでも耳に残って離れなかった。それから数年後、その変なおっさんとある居酒屋で遭遇し、人生の奇妙な縁を感じつつ、今宵も飲んだくれている。

②**「霧雨の北沢緑道」**　ただただ中年（老年）の悲哀そのもの！

③いつまで歌い続ける（られる）のでしょうか。

うなじさん与利（お客様）

①初めてライブで聴いたその瞬間からペーソスの大ファンです。ペーソスとユーモアを併せ持つ島本さん、いつか介護してあげたいくらい大好き。

②**「ビバ！漏れニーニョ！」** 現在40歳の私もいずれ避けては通れない事象。笑えないことを笑いながら「なるほど」と勉強できる曲。オチでホントにちょっと漏れそうになるところが快感。

③生前退位したはずの末井さん、いつも哲平さんとのやりとりが無邪気でとても楽しそうです。哲平さんはどのように思っていますか？　どのような刺激を受けていますか？　島本さん、井原さんの司会は何割程度聞いていますか？

スミコさん与利（お客様）

①おじさんは面白くてかわいくて、せつない。大好きです。

②たくさんあって一曲に決められないですが……。

「アア今夜モ」 たぶん初めてペーソスのライブに行って、一番最初に好きになった曲。詞ももちろん、後半のサビ前あたりの米内山さんのギターと哲平さんのクラリネットがとても好き。グッとなる。

「Barバッカスにて」 何度聴いてもせつなくなる。ライブ中泣いたのはこの曲。

「無職の女」 数回目のライブでやっと聴けた時から、なぜかテンション上がる曲。イントロだけで嬉しくなってしまう。タイトルも最高。

③武道館のステージに9月にはフェスなども。ご活躍のペーソスのみなさま。今後の野望（?）などお聞かせいただけたら。

金子山さん与利（写真家）

①いつも渋いな～と思いながら聴いてます。スーツ姿なのに靴はスニーカー。どこか外していておしゃれで知的で少し悲しさもあって若い音楽を聴いていても感じられない感情をカリカリ引っ掻き回されてギュッとされてしまいます。俺もジジイになったらバンド組んでみたいな～と思ったりしてしまいます。

②曲名うろ覚えですいません。♪お稲荷さんのデカい奴～

③初恋はいつですか？

→→→→ Free page

signature,memo,and more♪

PATHOS →→→→

ペーソス

風俗ライター、エッセイスト、プロミュージシャン、会社員等多彩な顔ぶれの30代・40代・50代・60代・70代の5世代5人（公演参加人数はその時々で流動）のメンバーからなる特殊歌謡バンド。2003年9月『甘えたい』でCDデビュー以来、2018年3月発表の『夫婦冷やっけぇ』まで13作品＋αをリリース。「平成歌謡」を標榜し主に「おかしくてやがて哀しき」哀愁あふれる中高年の姿をテーマに歌いあげてきたが、2019年5月より「令和歌謡」に。著書に『血糖値が高いから-人生の機微に触れまくる哀愁エッセイ』（バジリコ）がある。ボーイズバラエティ協会会員（音楽ジャンル）。

BOOK STAFF

企画・編集	ポンプラボ
構成	立花律子（ポンプラボ）
写真	金子山
デザイン	寒水久美子
取材執筆協力	薬師寺十瑛（SKIP）
編集協力	手塚よしこ（ポンプラボ）
DTP	佐藤レイ子
編集	森哲也（カンゼン）

にっぽんのペーソス
平成→令和を歌う
特殊歌謡バンドの世界

発行日　2019年7月8日　初版

編　　著　ペーソス
発 行 人　坪井 義哉
発 行 所　株式会社カンゼン
〒101-0021
東京都千代田区外神田
2-7-1　開花ビル
TEL 03（5295）7723
FAX 03（5295）7725
http://www.kanzen.jp/
郵便振替　00150-7-130339
印刷・製本　株式会社シナノ

ISBN 978-4-86255-525-0
定価はカバーに表示してあります。

本書に関するご意見、ご感想に関しましては、kanso@kanzen.jpまでEメールにてお寄せください。お待ちしております。